Juli Finn

Mein Weg im Nebel

Mein Weg im Nebel
Juli Finn

julesfinn11@yahoo.de

Lektorat / Korrektorat Alexandra Vogeno

Druck: Amazon KDP

Mein Weg im Nebel

Zum Buch

»Geschichten sind ein Spiegel unseres Selbst«
Dies sind die Erlebnisse von Daniel, Zoe und Alice.
Drei Geschichten über die dunkle Seite des Lebens.
Über Schmerz, Angst und Einsamkeit.

Triggerwarnung
Dieses Buch behandelt ausführlich das Thema Mobbing!
Was kann diese Form der seelischen und körperlichen Gewalt in jungen Menschen auslösen? Depressionen, Panikattacken, Essstörungen, Sozialphobien und ein Leben im Schatten sind oft das Resultat.
Solltest Du direkt mit diesem Themen in Berührung gekommen sein, kann dieses Buch dich eventuell sehr belasten. Bitte lies es nicht allein und passe gut auf Dich auf!

Zur Autorin

Juli Finn schreibt seit 2011 Bücher in queeren Genre. Unter dem Namen Juli D. Finn veröffentlichte sie die meisten ihrer Geschichten beim Main Verlag.

Juli lebt mit ihrer Familie in der «schönen« Hauptstadt Berlin, wo sie neben der Fotografie und ihrer Leidenschaft für den Eishockeysport ihre Geschichten schreibt.
Wovon sie träumt? Raus aus der Stadt! Ein Leben am Meer wäre das Größte. Doch manchmal sind Träume eben nur das eine: Schöne Geschichten, die man sich ausdenkt, um seine eigene Seele zu streicheln und mit etwas Glück auch die einiger anderer Menschen.

Widmung

Für Alexandra

Danke! Einfach nur Danke!

Vorwort

Per Definition wird Mobbing so ausgelegt: Es besteht ein wiederholtes und regelmäßiges seelisches Schikanieren, Quälen und Verletzen – psychische Gewalt! Dies geschieht nicht nur auf dem Pausenhof in der Schule. Auch innerhalb der Familie oder am Arbeitsplatz, in Vereinen, Wohnheimen oder im Internet. Überall dort, wo Menschen wiederkehrend aufeinandertreffen.
Diese Form der Gewalt ist weit verbreitet und hat schwerwiegende Folgen für die Betroffenen. Angstzustände, Konzentrationsschwäche, Depression, Selbstzweifel und sozialer Rückzug sind nur einige der Resultate von Mobbing. Als Mobbingopfer kenne ich diese Folgen nur zu gut. Noch heute habe ich wenig Selbstvertrauen in meine Arbeit. Ich kenne das Gefühl von Angst und Niedergeschlagenheit. Zum Glück nicht in dem Ausmaß wie meine Protagonisten.

Mit diesem Buch möchte ich aufzeigen, was Mobbing auslösen kann. Vielleicht könnte man denken, dass es zu überzogen ist, doch das glaube ich nicht. Jeder Mensch ist einzigartig und so erlebt jeder Betroffene diese Art der Gewalt anders und auch die Folgen sind sehr vielschichtig. Doch eines haben alle Opfer gemeinsam: Sie brauchen Hilfe, bevor es zu spät ist.
Seht nicht weg!
Hört nicht weg!
Streckt die Hand aus und helft!

Die Bank

Daniels Geschichte

»Du stinkst!«
»Mit dir will niemand spielen!«
»Verschwinde!«

Mein Name ist Daniel und ich bin dreiundzwanzig Jahre alt. Was gibt es über mich zu erzählen? Ich denke nicht, dass ich besonders aufregend bin. Ich bin das, was man gemeinhin als ziemlich normalen Kerl bezeichnet. Langweilig, 08/15 eben. Ich lebe in Berlin und arbeite als Erzieher. Ich sehe nicht mal besonders spektakulär aus. Braune Haare, braune Augen und mittelgroß. Mein markantestes Merkmal ist vermutlich eine kleine Narbe an der Augenbraue, die von einem Fahrradunfall in meinem sechsten Lebensjahr herrührt. Und selbst diese Geschichte ist nicht aufregend genug, um sie zu erzählen. Wenn man nicht gesehen wird, kann man nichts erleben. Und wenn man nichts erlebt, kann man nichts erzählen. Und doch habe ich angefangen zu schreiben.
Warum, wird man sich fragen. Was hat der Typ zu berichten, wenn er nichts erlebt?
Jeden Tag nach der Arbeit gehe ich hinunter zur Spree. Vorausgesetzt, das Wetter spielt mit. Wobei gesagt werden muss, dass ich in einer Waldkita arbeite. Ich bin bei jedem Wetter draußen. Im Feierabendmodus allerdings nicht. Wenn es regnet oder stürmt, fahre ich nach Hause. Aber sonst sitze ich dort am Wasser auf einer Bank und beobachte die Menschen. Es sind stets dieselben. Menschen mit einer Routine, die jeden Tag diesen Weg nehmen, der zwischen dem Ufer des Berliner Flusses und meiner Bank verläuft.
Ein altes Ehepaar, zum Beispiel, macht täglich einen Spaziergang. Sie sind bereits seit über fünfzig Jahren verheiratet. Getroffen haben sie sich damals kurz vor dem Kriegsende. Er ein Veteran, am Bein schwer verletzt, sie seine Krankenschwester. Es war Liebe auf den ersten Blick. Ihre Angst, er müsse zurück an die Front, hat sie zusammengeschweißt und einen Plan schmieden lassen. Sie würde seine Behandlung hinauszögern, die schwere Wunde nur notdürftig behandeln, so dass der Heilungsprozess

andauerte. Leider hatte dieser Plan Folgen. Noch heute spürt er die Verletzungen der kleinen Granate. Sie ist nie richtig verheilt. Es ist ein Preis, den man gern zahlt, nur um nicht in das Elend zurückzumüssen, um am Ende vielleicht doch noch zu fallen. All die Jahre hatten sie ein schweres Leben. Mit seinem Bein konnte er kaum arbeiten, und sie spürte bald die kräftezehrende Seite ihres Berufes. Der Rücken geschunden, die Gelenke verbraucht, fiel es ihr immer schwerer, zu gehen. Und doch halten sie an ihrem Spaziergang fest. Vielleicht die letzte Chance, den Motor am Laufen zu halten. Sie haben zwei Kinder, beides Mädchen. Die Älteste lebt nicht mehr in Berlin. Schon beizeiten hat sie den Sprung aus dem Nest gewagt und ist nach München gezogen. Sie will die Welt sehen, will leben und dem elterlichen Druck entkommen, der sich im Laufe der Jahre aufgebaut hat. Dem Ehepaar ist klar, dass sie irgendwann auf Hilfe angewiesen sein werden. Ein Heim kommt nicht infrage, sie sind immerhin eine Familie. Und so lastet die Bürde des Paares auf den Schultern der jüngsten Tochter und ihrer Familie. Es ist ein ungeheurer Druck, dem die junge Frau ausgesetzt ist. Ein eigenes Kind, ihre Ehe und die Versorgung zweier Menschen, die ihr Leben seit Jahren bestimmen. Sie hat einfach keine Kraft mehr. Zu ihrer großen Schwester gibt es keinen Kontakt. Sie hat mit ihrer Familie gebrochen, als es darum ging, zurückzukehren, um die Eltern zu versorgen.

Dann die Mutter mit den zwei kleinen Jungen, die gehetzt den Weg entlangrennt. Sie ist immer im Stress, immer in Eile. Ihre Jungs sind vier und sechs Jahre alt und wollen lieber spielen, als nach Hause zu gehen. Die Frau ist jung. Sehr jung für zwei Kinder. Und sie ist alleinerziehend. Zwei Kinder, zwei Väter. In beiden Fällen war es ein One-Night-Stand. Sie kann nicht einmal Alimente einklagen, weil sie bei ihrem ausschweifenden Partyleben nicht weiß, wer die Männer

waren. Es hätten so viele sein können. Und meist sind es Kerle, die nichts besitzen und so am Ende sowieso nicht fähig wären, Alimente zu zahlen. Die Mühe, sie zu suchen, lohnt sich also nicht. Wenn die Jungs älter sind und nach den Vätern fragen sollten, muss sie sich etwas einfallen lassen. Doch im Moment hat sie es eilig, nach Hause zu kommen. Der Jüngste sitzt in einem alten Buggy, bei dem die Räder bereits eiern. Sie hat ihn in einem An- und Verkauf für drei Euro bekommen und bereits der Ältere hat daringesessen. Er wird vermutlich bald kaputtgehen und die Tatsache, dass der Größere der Jungen mault und meckert und an dem Wagen zerrt, weil er im Gegensatz zu seinem kleinen Bruder laufen muss, trägt nicht zur Langlebigkeit bei. Ihr Tag ist stressig gewesen. Sie macht eine Ausbildung in einem Büro. Die Personalchefin mag sie nicht, der Büroleiter ist ein arroganter Schnösel im Anzug und ihre direkte Vorgesetzte schaut auf sie herab. Gerade mal fünfundzwanzig Jahre alt und bereits zwei Kinder. Ein vorurteilsbehaftetes Bild in dieser Gesellschaft. Sie ist in den Augen ihrer Kollegen eine typische Hartz 4-TV-Mutti mit asozialen Freunden und einer Mutter in Leopardenleggings. Es ist ein nie enden wollender Spießrutenlauf, der zu Hause mit zwei übermüdeten, quengelnden Kindern weitergehen wird. Schnell ein Brot zum Abendessen und dann ins Bett, damit sie Zeit für sich hat. Zeit, die kleine Wohnung aufzuräumen hat sie kaum. Woher soll sie die auch nehmen? Sie macht schließlich alles allein. Sie weiß nicht, dass die Erzieher in der Kita bereits Gespräche führen, zum Thema Kindeswohlgefährdung.
Jeden Tag setzt sich auch ein alter Mann neben mich. Er sitzt meist eine halbe Stunde dort, schaut auf das Wasser, bevor er weitergeht. Er trägt immer die gleiche Mütze. Egal, welche Jahreszeit die Stadt beherrscht. An der rechten Hand trägt er zwei Ringe. Seinen eigenen Ehering und den seiner kürzlich verstorbenen Frau. Sie waren siebenundvierzig Jahre

verheiratet. Glücklich und bis zum letzten Tag schwer verliebt. Vor sieben Monaten hat sie der Krebs geholt. Es war ein kurzes und schweres Leiden, welches er bis zur letzten Minute begleitet hat. Als ihr Herz die Arbeit einstellte, hat er ihre Hand gehalten, sie ein letztes Mal geküsst und ihr versprochen, bald bei ihr zu sein. Ein Leben ohne seine Frau kann er sich nicht vorstellen. Jeder Morgen ohne einen Blick in ihre Augen, ist ein furchtbarer Start in den Tag. Und seit ihrem Tod ist jeder Tag furchtbar. Die Sehnsucht und Trauer fressen ihn schier auf und im Moment ist er sich nicht sicher, ob es überhaupt einen Grund gibt, weiterzuleben. Wofür denn auch? Sie haben keine Kinder, es gibt niemanden, der ihm nahesteht. Seine Familie ist tot. Wofür soll er noch weiterleben? Jeden Tag fährt er erst zum Friedhof und kommt dann hinunter zum Wasser, wo er auf meiner Bank sitzt, auf die Wellen der Spree schaut und überlegt, wie er wieder mit ihr zusammen sein kann.

Hin und wieder kommt auch ein junges Paar vorbei. Manchmal trägt sie eine einzelne Blume in der Hand, hat sich stets bei ihm eingehakt. Sie ist hübsch, mit langen, brünetten Haaren und einem zarten Gesicht. Im Sommer trägt sie immer leichte Kleider, im Winter einen langen, dicken Mantel. Sie wirkt zierlich, in jeder Hinsicht. Was wohl auch an ihrer sehr schlanken Gestalt liegt. Sie ist magersüchtig, gerade erst aus der Klinik zurück im Leben und doch kann sie eben dieses schwer fassen. Sie isst, meist regelmäßig, auch wenn ihr jeder Bissen schwerfällt. Genauso schwer ist es für sie, die schönen Dinge des Lebens zu sehen, so wie diese kleine Gerbera, die sie in der Hand hält. Sie fühlt sich wie die Blume. Abgeschnitten vom Leben, langsam welkend. Und doch wird sie sie in eine Vase stellen, um sie mit allen Mitteln im Hier und Jetzt zu halten, obwohl sie bereits auf dem Weg zur Grenze ist. Ihre Familie und der junge Mann an ihrer Hand werden sie genauso festhalten wie sie die kleine Blume.

Er hat mit ansehen müssen, wie sie sich immer weiter runterhungerte, wie sie müder und schwächer wurde. Gegen alles und jeden, der ihr die Hand reichen wollte, hat sie angekämpft. Er hat gelitten, leidet noch immer, denn zu sehen, dass sie nicht wirklich geheilt ist, setzt ihm sehr zu. Täglich machen sie den Spaziergang am Wasser, um sie mit den schönen Dingen des Lebens abzulenken. Er kocht anschließend für sie, Gerichte nach der Empfehlung der Klinik. Sie mag es nicht, aber sie isst es und er weiß das. Wie viel Kraft werden beide noch haben?
Und dann gibt es den einsamen Jogger, der seine Runde stets an meiner Bank beginnt. Er ist jung, athletisch, muskulös und sieht gut aus. Er trägt meist knielange Sporthosen, ein Muskelshirt und seine Kopfhörer, aus denen harte Bässe dröhnen. Musik, die ihn immer weitertreiben soll. Früher war er dick. Ein dickes, unsportliches, unbeliebtes Kind. So will er nie wieder sein. Also führt ihn sein Weg mehrmals in der Woche ins Fitnessstudio, wo er Gewichte stemmt. Jeden Tag läuft er von hier bis zum Hafen, was gut zwei Kilometer sind. Dort führt ihn sein Weg dann zum Studio, wo sein Kampf gegen das Fett weitergeht. Er kennt seine Grenzen, so glaubt er, doch er ist längst dem Sportwahn verfallen. Für ihn zählt nichts anderes mehr als Gewichte, Laufen und Kraftsport. Seine gesamte Ernährung ist darauf eingestellt, lästige Pfunde loszuwerden und immer mehr Muskelmasse zuzulegen. Er sieht gut aus, aber wie lange wird er es so treiben, bis er merkt, dass es noch andere Dinge im Leben gibt, die es mehr wert sind, dafür zu kämpfen?
Gedanken zu Menschen, die ich nicht kenne. Sie stimmen nicht, das denke ich mir aus, um eine Geschichte zu erzählen. Ich sitze einfach hier und lasse die Gedanken treiben. Wie sieht meine Geschichte aus, fragst du mich? Ich habe mein gesamtes Leben darauf ausgelegt, unsichtbar zu sein. Ich wette, dass all die Menschen, die tagtäglich an mir

vorbeigehen, mich nie wahrgenommen haben. Vielleicht nicht mal der alte Mann. Er sieht mich nicht einmal an.
Die Menschen hasten an mir vorbei, zu beschäftigt mit ihrem eigenen Leben, als den Kerl auf der Bank wahrzunehmen. Und eigentlich will ich das auch gar nicht. Über jeden einzelnen liegen zu Hause kleine Geschichten. Zu Menschen, die ich nicht kenne, über die ich nichts weiß. Unzählige Varianten ihres Lebens. Ich werde niemals herausfinden, welche die Wahrheit ist, oder ob es am Ende eine ganz andere Geschichte gibt. Vermutlich wird es so sein. Es wäre erstaunlich, hätte ich auch nur mit einer ins Schwarze getroffen.
Ich kann das über jeden Menschen machen. Ich sehe ihn, beobachte und schreibe.
Meine Mutter hat sich nie dafür interessiert, was ich tat. Sie war es nicht, die meine Fantasie angekurbelt hat. Dafür hätte sie sich Zeit nehmen und mir vielleicht etwas vorlesen müssen. Bücher gab es bei uns nicht. Nur einen Fernseher, auf dem jeden Tag die neuesten Soaps und Talkshows liefen. Sie saß auf dem zerschlissenen Sofa, rauchte eine Zigarette nach der anderen und trank billigen Likör. Ich stank immer nach Nikotin. Vielleicht war das ein Grund, warum ich bereits im Kindergarten immer allein spielen musste. Irgendwann hat eine Lehrerin es gewagt, diesen Umstand in mein Hausaufgabenheft zu schreiben. Meine Mutter ist ausgerastet, hat gebrüllt, was sich diese Schlampe einbilden würde. Sie sah mich böse an, als könne ich etwas dafür, so zu riechen. Ich rauche nicht und hasse den Gestank von Nikotin. Mir wird richtiggehend schlecht, wenn ich Zigaretten auch nur im Entferntesten rieche. Erst jetzt, nach meiner Ausbildung, kann ich mir endlich eine eigene Wohnung leisten. Noch heute rieche ich an meinen alten Möbeln das Nikotin. Ich kann sie noch so sehr schrubben, es ändert einfach nichts. Der Gestank bleibt. Er begleitet

mich durch mein Leben, so wie die Erinnerungen an eine Frau, die vielleicht nicht einmal mitbekommen hat, dass ich ausgezogen bin. Sie sitzt noch immer auf dem alten Sofa, trinkt Likör, der selten mehr kostet als drei Euro, raucht billige Zigaretten aus Polen, die ihre Nachbarin mitbringt und wenn sie daran denkt, isst sie Suppe, Fisch oder Nudeln aus der Dose. Sie macht sich nicht mal die Mühe, es aufzuwärmen. Sie isst es direkt aus der Dose. Mir hat sich immer der Magen umgedreht. In der Küche stehen seit jeher unzählige Dosen. Fertiggerichte, Fisch, Fleisch oder Obst. All das isst sie so, wie es aus der Verpackung kommt. Dazu trinkt sie literweise Kaffee. Wann ist sie so abgestürzt? Ich würde jetzt gern sagen, dass es ein schlimmes Ereignis war, welches sie so hinuntergezogen hat. Doch so war es nicht, ich kenne sie nicht anders. Einen Vater habe ich nicht, sie spricht auch nicht darüber. Vielleicht war es ein Quickie im Suff, zwischen Punkt 12 und Vera am Mittag? Wer weiß das schon. Mir hat sie es nie erzählt. Aber irgendwie war ich zustande gekommen. Ein Gedanke, der mich beschäftigt, obwohl ich nicht darüber nachdenken sollte.
Vielleicht möchte ich aber auch gar keinen Vater haben, denn seien wir mal ehrlich: Wer über diese Frau rüberrutscht, hat selbst nicht allzu viel im Kopf. Das möchte ich gar nicht so genau wissen.
In der Kita bin ich einigermaßen beliebt. Die Kids mögen mich sehr, vor allem die großen Jungs. Ein männlicher Erzieher macht immer Eindruck, wenn er sich nicht total dämlich anstellt. Wir spielen viel Fußball, ich erzähle ihnen Geschichten oder lese vor, weil ich denke, dass es wenigstens einer tun muss. Manche Kinder kommen aus dem gleichen Milieu wie ich und ich möchte, dass sie wenigstens einmal am Tag ein Buch in der Hand halten. Basteln ist nicht meine Stärke. Ich habe zwei linke Hände und bin zu grobmotorisch. Aber das ist okay, nicht alle Kinder wollen

ständig malen, kleben oder schneiden. Mit diesen Kindern kann ich Türme bauen und eine Welt erschaffen, die ihren Köpfen entspringt. Egal, ob drinnen oder draußen, doch meistens ist es draußen, bringe ich ihre Fantasie zum Kochen. Sie dürfen kreativ sein, sich selbst entdecken und vor allem dürfen sie leben. Etwas, wozu ich nie die Chance hatte.

In meiner Kita hat sich kaum jemand dafür interessiert. Notorisch unterbesetzt, waren die Erzieherinnen nur am Jammern, dass sie ja keine Zeit hätten, etwas mit uns zu unternehmen. Jeder war auf sich gestellt. Grundsätzlich nicht schlimm. Freispiel fördert den inneren Geist, sich zu entwickeln. Aber wenn man bereits als Kind ausgegrenzt wird, indem andere Kinder täglich sagen, dass man stinkt, fängt Mobbing bereits im Kleinkindalter an und der freie Geist zieht sich gepeinigt zurück. So saß ich meist allein in einer Ecke und sah traurig dabei zu, wie die anderen Kinder zusammen neue Dinge erschufen.

Irgendwann hat es sich normal angefühlt. Allein sein bedeutete, ich konnte tun, was ich wollte. Niemand redete mir in mein Spiel. Ich übernahm dieses Verhaltensmuster auch in der Grundschule. Für mich allein spazierte ich über den Schulhof, auf der Suche nach etwas, das mich interessierte. Und da fing ich an, Menschen zu beobachten. In meinem Kopf bildeten sich die tollsten Geschichten über meine Erzieher, Lehrer und Mitschüler. Es war mir egal, ob es stimmte. Ich schrieb es nieder. So füllten sich viele Hefte, die ich im Supermarkt klaute, um Platz für meine Fantasien zu haben.

Der Mann neben mir steht auf und geht. Ich sehe ihm nach und hole aus meinem Rucksack eine Flasche Wasser. Es ist warm heute und ich warte auf den Sportler. Ich bin schwul, das weiß ich. Eigentlich ein Umstand, der egal ist. Schwul, hetero, bi … es wäre egal. Es ist es mir unmöglich, Männer

anzusprechen. Ich bin Jungfrau und ungeküsst, denn um diesen Umstand zu ändern, müsste ich die Menschen in mein Leben lassen. Das kann ich nicht. Das habe ich nie getan. Ich bin unsichtbar, für jeden, es sei denn, man will tatsächlich etwas von mir. Lediglich für die Kinder in der Kita bin ich präsent. Doch die interessieren sich auch nicht direkt für mich als Person. Es interessiert sie nicht, wer Daniel wirklich ist. Ich bin da, um zu lesen, zu spielen und sie in den Arm zu nehmen. Ich bin Danny, der Erzieher. Niemals Daniel, der Mensch.
Es gab mal einen Jungen auf meiner Schule, als ich in der Zehnten war. Christian. Er war der Einzige, der einen Vorstoß gewagt hat und auf mich zugekommen ist. Das hat mir glatt einen kleinen Schock versetzt. Zu allem, was er mir gesagt hat, habe ich den Kopf geschüttelt. Es hat sich angefühlt, als hätte mich jemand aus einem Stummfilm mitten rein in einen Actionfilm der heutigen Zeit gezerrt. Ich war niemand, der im Licht stand. Ich war unsichtbar und darin war ich gut. Man kann ein nachtaktives Tier nicht plötzlich in gleißend helles Licht zerren und erwarten, dass es adäquat funktioniert. Ich habe Christian nur angestarrt, während der auf eine Antwort wartete. Ich erinnere mich nicht mal an die Frage. Ich habe ihn einfach nur angestarrt. Da ist er wieder gegangen und ich tauchte wieder ein in meinen Stummfilm, wo ich die Menschen nur schweigend anschaute, während sie redeten, lachten oder tanzten, ohne dass ein Laut ihre Lippen verließ.
Den Sportler sehe ich gern an. Er kommt von der Straße, durch den kleinen Wald, wo er sich am Wasser warm macht. Er dehnt sich, streckt sich, trinkt noch etwas und läuft dann los. Und in diesen fünfzehn Minuten nimmt mein kleiner Stumm- und Schwarz-Weiß-Film etwas Farbe an.
Ich bin nicht asexuell. Ich interessiere mich schon für meinen Körper und meine Sexualität. Ich masturbiere, wenn

ich zu Hause bin, sehe mir Männer an und schaue hin und wieder einen Porno. Ich bin dreiundzwanzig und in diesem Punkt nicht anders als der Rest meiner Generation. Nur dass ich im Gegensatz zu ihnen nicht im Licht lebe. Ich schaffe es nicht, mich präsent zu machen. Irgendwo in meinem Hinterkopf ist immer dieser Satz, den ich in meinem Leben am häufigsten gehört habe: »*Du stinkst nach Zigaretten*«. Ich habe Angst, dass es noch immer so ist, obwohl das natürlich Quatsch ist. Ich habe nichts mehr von den Klamotten von damals. Nur meine Kommode und der Kleiderschrank haben noch einen schwachen Geruch von Nikotin an sich, doch der überträgt sich nicht auf mich. Nein, ich rieche ganz normal. Und doch kann ich nicht über meinen Schatten springen.
Leider gibt es niemanden in meinem Leben, der mich an die Hand nehmen und ins Licht führen könnte. Vermutlich müsste ich mit meinen Marotten bereits eine Therapie machen, aber das würde bedeuten, sich auf einen anderen Menschen einzulassen. Was ein absolutes No-Go ist.
Das Pärchen kommt. Ohne Blume, nicht eingehakt und sie hat rotgeweinte Augen. Sie haben sich gestritten. Wollte sie vielleicht nichts essen? Sie sieht dünner aus als noch vor zwei Tagen. Bei Menschen wie ihr sieht man es schnell, wenn zwei Kilos fehlen. Ihre Knochen an den Schultern stechen heraus, obwohl es vor ein paar Wochen noch anders war. Sie nimmt wieder ab. Vielleicht muss sie zurück in die Klinik. Für einen kleinen Moment möchte ich sie fragen, warum sie geweint hat und doch sehe ich ihnen bloß schweigend hinterher.
Ich benutze kein Social Media. Weder Facebook noch Instagram oder Twitter. Was sollte ich da auch posten? Vielleicht meine Geschichten. Hm, verlockender Gedanke. Ganz anonym. Ich habe ein Handy, aber auch nur, damit meine Kollegen mich erreichen. Mehr Nummern gibt es dort nicht, nicht mal die meiner Mutter.

Ich sehe sie selten, sie wohnt nicht in meinem Bezirk. Manchmal gehe ich vorbei, bringe ihr ein paar Dosen, worüber sie sich nicht einmal freut, aber es beruhigt mein Gewissen. Ich bleibe zehn Minuten, die wir schweigend verbringen und gehe dann wieder. Wir hatten uns damals nichts zu sagen, was sollte sich jetzt ändern? Wir leben unser Leben, ohne den anderen. Der spielt keine Rolle. Ich bin nicht mal sicher, ob sie es merken würde, käme ich nicht mehr.

Manchmal, wenn ich abends im Bett liege und aus dem Fenster in den dunklen Himmel schaue, frage ich mich, ob ich mein Leben, so wie es ist, gut finde. Man hört viel über Depressionen und so, doch ich denke nicht, dass ich depressiv bin. Ich bin nicht traurig oder besorgt. Es ist mein Leben und so wird es weiterlaufen. Ich weiß nicht, ob irgendwann der Moment kommt, wo ich aus meinem Stummfilm trete und bereit bin, einem anderen Menschen die Hand zu reichen. Vielleicht kommt er, wenn ich älter und reifer bin. Im Moment befinde ich mich in der Phase des Orientierens und Kennenlernens. Ich lebe noch nicht lange allein und genieße es gerade, nicht in einer Räucherbude zu wohnen. Ich freue mich darauf, wenn ich genug Geld gespart habe, die alten Möbel gegen neue auszutauschen. Zum Glück war ich für meine Mutter nie präsent, so dass ich zu Hause kein Geld abgeben musste. Mein ganzes Ausbildungsgehalt ging für Essen und Sparen drauf. Es hat nicht ganz für eine komplett neue Einrichtung gereicht, aber bald werde ich neue Möbel haben. Und dann? Ich würde gern mal etwas anderes sehen als Berlin. Bisher habe ich diese Stadt erst einmal verlassen. Ein Klassenausflug nach Sachsenhausen ins KZ. Liegt bei Berlin. Aber mehr gab es für mich nie. Ich würde gern im Sommer, wenn die Kita für drei Wochen schließt, ans Meer fahren. Vielleicht warten meine Möbel noch und ich nutze das Geld dafür, mich in

den Zug zu setzen und für ein paar Wochen zu verschwinden.
Vor einiger Zeit las ich in der Zeitung etwas über Auswanderer. Der Gedanke hat mich lange Zeit nicht losgelassen. Einfach weg aus Berlin, alle Zelte abbrechen, aus dem Schatten treten und woanders als neuer Mensch anfangen. Irgendwo, wo mich niemand als das Nikotinkind kennt. Noch heute spukt der Gedanke durch meinen Kopf.
Vielleicht am Meer.
Träume.
Geschichten.
Stummfilm.
Das ist mein Leben.

Es ist warm heute. Ein leichter Wind macht die Hitze erträglich. Hinter mir liegt ein recht anstrengender Tag in der Kita. Meine Kollegin, mit der ich heute Dienst hatte, erschien mir recht unausgeglichen. Ich weiß nicht viel über meine Kollegen, nur das, was ich aufschnappe, wenn sie sich unterhalten. Im Grunde interessiert es mich nicht. Selbst dort lebe ich mein Leben allein. Jeder Erzieher hat seine Stärken und Schwächen. Der eine bastelt gern, der andere kann gut singen und spielt ein Instrument oder kann besonders gut mit den Eltern umgehen. All das sind meine Schwächen. Meine größte Stärke ist die Beobachtung. Das machen sich meine Kollegen gern zunutze. Was ich sehe, speichert mein Kopf, so dass ich bei Bedarf ausreichend Informationen zu einzelnen Kindern geben kann. Ich bin gut im Geschichten erzählen. Egal, was mir die Kinder als Vorlage geben, ich schüttle eine Geschichte dazu aus dem Ärmel.
Konversation mit den Kollegen gehört für mich zu den Dingen der Notwendigkeit. Mit den Kindern rede ich gern, es ist niemals persönlich. Kollegen fragen oftmals genauer nach und das stört mich. Am Anfang habe ich nur halbherzig

geantwortet und mittlerweile lassen sie mich in Ruhe. Auch hier bin ich unsichtbar.
Da stellt man sich zu Recht die Frage: Warum lernst du einen Beruf, in dem du zwangsläufig mit Menschen zu tun hast und interagieren musst? Damals, während meiner Grundschulzeit, als ich begonnen habe, meine Mitmenschen zu beobachten, gab es einen Erzieher. Er scherte sich nicht um die Teamarbeit. Er war bei den Kindern, zeigte ihnen, wie sie eine neue, eigene Welt erschaffen konnten. Er war der einzige Mensch, der mir imponiert hat. Niemals habe ich jemanden getroffen, der so leicht die Fantasie der Kinder anregen konnte. Und meine Fantasie ist mein wichtigstes und wertvollstes Hab und Gut. Mehr habe ich nicht, mehr kann ich nicht. Mehr bin ich nicht.
Ich saß auf der Schaukel und habe ihn in seinem Spiel mit meinen Mitschülern beobachtet. Er war immer als Erster in der Schule. Die Vorbereitung war ihm wichtig. Dafür verließ er bereits früh am Morgen seine junge, schwangere Frau. Vielleicht waren seine Prioritäten fragwürdig, aber am Ende war mir seine Frau egal. Ich gehörte nicht zu seiner Familie. Ich gehörte zu seinem Job. Er kannte mich kaum, wusste selten, dass ich da war. Aber ich wusste immer, wann er da war. So wie dieser Erzieher wollte ich sein. Einfach mein Ding machen.
Ich kann mit Menschen reden, wenn es eine Notwendigkeit darstellt. Mit meinem Hausarzt, mit der Kassiererin im Supermarkt, mit dem Arzt in der Notaufnahme, weil ich mir in die Hand geschnitten hatte. Es sind oberflächliche Gespräche, die keine persönliche Beziehung aufbauen. Aber ich hasse Eingewöhnungen neuer Kinder. Es ist nur zu verständlich, dass Eltern wissen wollen, wer da auf ihre Sprösslinge aufpasst. Sie fragen nach Dingen, die mir zu intim sind. Meine Chefin weiß das und betraut mich nur im Notfall mit diesen Aufgaben.

Mich hat nie jemand gefragt, warum ich bin, wie ich bin. Das gab mir am Anfang zu denken. Doch dann erschien es mir logisch: Ich bin Danny, der Erzieher. Daniel war unsichtbar, nur ein lautloser Statist in einem Stummfilm, wo alles, was gesagt wird, ein großes Nichts war.
Ich trinke einen Schluck Wasser, als der Sportler aus dem Wald kommt. Ich beobachte, wie er seine Uhr einstellt, sein Handtuch auf die Wiese legt und anfängt, sich zu dehnen. Ich habe ihn fast eine Woche lang nicht gesehen. Er hat Urlaub gemacht, mit seinem Freund. Sie waren gemeinsam auf Mallorca. Während sich sein Freund am Strand mit Kumpels amüsiert hat, nachts durch Bars gezogen und Sangria im Überfluss getrunken hat, war er am Strand unterwegs, joggend, schwitzend und auf dem Weg, die nächste Grenze zu überschreiten. Rennen, bis es nicht mehr geht, bis die Lunge brennt und die Beine einfach nachgeben. Niemand kann ihn von seinem Fitnesswahn abbringen, so sehr seine Freunde es auch versuchen. Sie können ihn nicht locken, nicht mit Abenden zu zweit oder einer Party. Er trinkt nicht, isst kein fettes Steak vom Grill. Laute Musik hat für ihn nur einen Zweck, sie treibt ihn weiter voran. Sein Freund ist sauer, der Urlaub war nicht das, was er sich versprochen hatte, nicht das, was ihm versprochen worden war. Und während er hier seinen Körper auf eine weitere schweißtreibende Runde Sport vorbereitet, zieht der aus der gemeinsamen Wohnung aus. Es kümmert ihn nicht, für ihn zählt nur sein Gewicht, das Körperfett, die Muskelmasse und die nächste Trainingseinheit.
Ich finde sein Leben traurig. Andererseits finden fremde Menschen mein Leben vermutlich auch ziemlich erbärmlich. Ich sitze nur auf der Bank und schaue fremden Menschen nach. Ich könnte aufstehen, hingehen und Hallo sagen, doch meine Beine bewegen sich nicht. Wie würde das auch aussehen? Ein gestammeltes Hallo, ein kritischer Blick von

ihm, weil ich sein Training unterbreche. Was hätte ich ihm zu bieten? Am Ende würde er mich für jede Hantel und für jedes Laufband beiseitestellen.
Ich war gestern bei meiner Mutter. Noch immer habe ich einen Schlüssel. Ich weiß nicht einmal warum. Ich bin eingetreten, habe sie leise begrüßt und drei Dosensuppen in die Küche gestellt. Dazu legte ich etwas Obst und Gemüse. In einem Anflug von Hoffnung hatte ich mir eingebildet, sie würde es vielleicht essen. Dann habe ich mich in den Sessel gesetzt und zum Fernseher geschaut. Ich weiß nicht einmal, was genau da lief. Sie hatte noch kein Wort mit mir gewechselt.
»Ich habe dir etwas zu essen in die Küche gestellt.«
»Mhm ...«
»Obst und Gemüse.«
»Iss es allein.«
»Nein, vielleicht hast du ja doch Appetit darauf.«
Meine Mutter schwieg, goss sich einen neuen Likör ein, zündete eine Zigarette an und schaute weiter auf das TV-Gerät.
»Dass ich ausgezogen bin, hast du gemerkt?«
Sie hat mich nur kurz angeschaut, doch nicht ein Wort kam über ihre Lippen. Mein Zeichen zu gehen.
»Tja, dann geh ich mal wieder.« Nach einer kurzen Überlegung öffnete ich weit das Wohnzimmerfenster, was Leben in ihren Körper brachte. Sie fuhr hoch, brüllte mich an, ich solle es sofort schließen, doch da war ich schon an der Tür. »Mach es allein.«
Am Abend habe ich an meinem Laptop gesessen und Gedanken aufgeschrieben. Mein Kopf ging aber immer wieder zurück zu meiner Mutter. Wie war sie so geworden? Ich kenne meine Großeltern nicht und kann nur mutmaßen, aber das ist es, was mein Leben ausmacht.
Vielleicht war sie selbst ein ungeliebtes Kind. Großmutter

war immer beschäftigt, hat kaum Zeit für ihr Kind gehabt. Sie wuchs in den wilden Achtzigern im Osten auf. Viel gab es da nicht, was Jugendliche hätten anstellen können. Sie ist mit dem Mofa herumgefahren, hat dabei hinter fremden Männern gesessen, für die es das Größte gewesen ist, nach dem Feierabend zu einem See zu fahren und den Alkohol in sich hineinzukippen. Oft war es Selbstgebrannter oder penetrant süß schmeckende Liköre. Dabei ist sie geblieben, bis heute. Die Wende kam und der Job in der Wäscherei fiel dem Hammer des zusammengebrochenen Sozialismus zum Opfer. Etwas Neues zu lernen, dazu war die Motivation nicht groß genug und so blieb sie einfach auf dem Sofa sitzen, das ihr ihre Eltern Ende der Achtziger geschenkt hatten, gerade als die Mauer gefallen war. Genau dieses nostalgische Sofa steht noch immer in ihrem Wohnzimmer. Vielleicht hat sie nach der Einstampfung ihres Betriebes die Partyzeit neu aufgenommen. Nach der Wende schwappten auch die Drogen des Kapitalismus in den Osten. Nun war es nicht mehr nur Selbstgebrannter, sondern auch Marihuana, das den Weg in ihren Körper fand. Und zwischen Billigzigaretten, Hasch und Likör, zwischen Punkt 12 und Vera am Mittag … war irgendwann ein Kerl da. Sie werden kaum etwas bemerkt haben, zumindest nicht, dass sie das Kondom vergessen hatten. Sie wurde schwanger. Im Nachhinein bin ich dankbar, dass die Unmengen Alkohol mir scheinbar nicht geschadet haben. Wobei es natürlich immer auf den Betrachter ankommt, was mein Leben angeht.
Es hat lange gedauert, bis sie gemerkt hat, dass sie nicht mehr allein war. Vermutlich hat sie sich bei ihrer mangelhaften Ernährung gewundert, dass sie immer dicker geworden ist. Eine Tatsache, die ich weiß, ist jene, dass ich zu Hause auf die Welt kam. Sie hat sich scheinbar so lange gegen die Wehen gewehrt, bis sie doch den Notarzt gerufen

hat, der mich in Empfang nahm. Was ich nicht verstanden und worauf ich nie eine Antwort bekommen habe, ist, warum sie mich behalten hat. Vielleicht war der Weg ins Kinderheim oder zur Babyklappe zu weit und umständlich. Wie gesagt, ich kann nur mutmaßen.
Meine erste Kindheitserinnerung liegt in meinem vierten Lebensjahr, wo ich nach dem Kindergarten lüften wollte und fast aus dem Fenster gefallen wäre. Ich konnte mich gerade noch so festhalten, als sie hinter mir losbrüllte, was ich denn vorhätte. Ich fand es ziemlich offensichtlich, doch sie gab mir meine erste und letzte Ohrfeige. Danach war ich für sie Luft. Sie brachte mich in den Kindergarten und holte mich ab. Das tat sie, weil es verboten war, als Kind allein zu gehen. Und sie wollte ihre Ruhe haben, wenigstens ein paar Stunden. Allerdings wüsste ich nicht, wozu. Ich war nie laut gewesen. Sie hat mich nie bemerkt.
Der Sportler macht sich auf den Weg und ich sehe ihm nach. Wie es wohl ist, ein soziales Leben zu haben? Menschen, die anrufen und fragen, wie es dir geht. Manchmal hat meine Lehrerin genau das gefragt, wollte wissen, ob bei mir alles okay wäre, doch ich wusste nie, was ich darauf antworten sollte, also ließ sie es sein.
Die Menschen um mich herum leben ihr eigenes Leben. Manche teilen es mit geliebten Menschen, doch die Vorstellung, jemand würde meine Wohnung betreten, löst in mir eine unangenehme Gänsehaut aus.
Die Lieferanten meines Kühlschranks und der Waschmaschine waren schon zu viel. Meine Möbel habe ich Brett für Brett mit der S-Bahn transportiert. Es hat Monate gedauert. Doch nun ist alles fertig und ich liebe mein Zimmer mit Bad und Küche. Mein Blick aus der Küche geht auf den Wald an der Spree. Das war mir wichtig. Ich kann Großstadtlärm nicht mehr ertragen.
Seit zwei Wochen geht eine junge Frau mit ihrem Hund an

mir vorbei. Jeden Tag um die gleiche Zeit. Ein kleiner Hund mit weißem Fell. Ich weiß nicht, wie die Rasse heißt, aber er sieht aus wie aus der Hundefutterwerbung. Sie sieht entspannt aus. Der einzige Moment am Tag, wo sie durchatmen kann. Ihr Hund ist ihr Leben. Für ihn tut sie alles, gern und freiwillig, während ihre Familie erwartet und fordert. Ihr Mann erzählt ihr jeden Abend, wie stressig sein Job ist. Bauarbeiter, salopp gesagt. Er hat es lieber, wenn man ihn Betonbauer nennt. Doch am Ende arbeitet er auf einer Baustelle und trinkt während seiner Arbeitszeit mindestens vier Flaschen Bier. Das letzte während der Heimfahrt in der Bahn, wo er anderen genervten Menschen den Geruch von Schweiß und Alkohol aufbürdet. Zu Hause greift er gleich in den Kühlschrank, fordert das Abendessen und setzt sich dreckig, wie er ist, aufs Sofa. Seine zwei Kinder, Jungs im Alter von zehn und zwölf, nimmt er kaum wahr. Er ist geschafft und will seine Ruhe. Sie beeilt sich, den Tisch nett zu decken, hört nebenbei zu, was die Kinder aus der Schule berichten und weiß jetzt schon, dass er sich über das Essen lautstark beschweren wird. Ich kann den blauen Fleck unter ihrem Auge sehen, obwohl sie eine große Sonnenbrille trägt. Er hat seine Meinung wieder mit der Faust kundgetan, weil nicht das richtige Essen auf dem Tisch stand. Er will etwas Warmes. Das kann sich die Familie nicht leisten. Jeden Tag zu kochen schafft sie auch zeitlich nicht. Sie arbeitet bis drei, geht mit dem Hund in den Wald, danach kümmert sie sich um Kinder, Haushalt und Ehemann. Ich bin sicher, dass sie bald zusammenbrechen wird. Einzig der kleine Hund hält sie bei der Stange. Die Stunde mit ihm im Wald lässt sie abschalten. Warum kann sie sich nicht Hund und Kinder schnappen und gehen?
Der Hund schnuppert sich zu meiner Bank, sieht auf und läuft schnell weiter. Das kenne ich schon. Selbst Tieren bin ich nicht geheuer. Was ich jedoch nicht verstehe.

Sie eilt weiter und ich schaue zur Seite, wo sich der alte Mann setzt. Für einen Moment will ich ihn grüßen, doch eine kleine Träne auf seiner Wange lässt mich innehalten. Er war seit vier Tagen nicht da und ich hatte die Befürchtung, er wäre seiner Frau gefolgt. Ich beobachte ihn, wie er seinen Stock fester umklammert und ich frage mich, ob er Selbstmord wirklich in Betracht ziehen würde.
Erst gestern habe ich seine Geschichte aufgeschrieben. Mehrere Seiten sind es geworden und das Gefühl, so etwas eng Verbundenes könnte wahr sein, gefällt mir sehr gut. Es würde zeigen, dass es nicht nur Elend und Einsamkeit gibt.
Ich brauche meine Einsamkeit, zumal ich sie nicht als solches bezeichnen würde. Ich hasse Menschen auch nicht. Ich kann nicht mit ihnen sprechen, wenn es keine Notwendigkeit hat. Ich wüsste nicht mal, was ich ihnen erzählen sollte. Ich erlebe ja nichts. Gar nichts. Ich stehe morgens auf, esse was, gehe von neun bis zwei arbeiten und sitze dann auf der Bank. Am Wochenende manchmal sogar den ganzen Tag. Da ich nicht weit weg wohne, gehe ich zum Essen heim und dann wieder ans Wasser. Für andere mag das furchtbar langweilig sein, doch für mich ist es eine einzige lange Geschichte. Ich muss einen Menschen nicht regelmäßig sehen, um zu »wissen«, wie sein Leben aussieht. Wie sein Leben für mich aussieht.
Soll ich euch eine Geschichte erzählen?
Jeden Tag kommt der Angler an die Spree. Vom frühen Nachmittag bis zum späten Abend. Er weiß, dass er um diese Tageszeit kaum etwas fangen wird, doch Angeln ist in vielerlei Hinsicht beruhigend für ihn. Er kann sich noch an seinen ersten Angelausflug erinnern. Er war sieben und sein Vater hatte ihn mitgenommen. Mit einem Boot auf der Müritz. Sie waren auf der Jagd nach Zander und sein Vater versprach ihm, den ersten Fisch, den er fangen würde, würde er ihm am Abend zubereiten. Egal, wie groß er sein wäre. Er aß gern Fisch. Am liebsten den, den sein Vater ihm

zubereitete. Seine Mutter starb, als er vier Jahre alt war. Herzinfarkt. Er konnte die Erinnerung an diesen Tag, als sie im Wohnzimmer einfach umgekippt war, noch heute fühlen, als wäre es gerade erst passiert. Alles, was sie auf sich gestellt. Vater und Sohn. Das Schicksal traf sie hart. Da das Einkommen der Mutter fehlte, verloren sie das Haus am Wasser und das Boot. Beides mussten sie verkaufen. Sein Vater ertrug diesen Ort nicht mehr. Zu sehr vermisste er seine Frau, also zog er mit seinem Sohn aus Rechlin weg nach Berlin. Die Wohnung, die sie bezogen, war nett, am Wasser gelegen, wo der Angler noch heute wohnt.
Es war für beide schwer, Fuß zu fassen. Doch eines hatten sie nie aufgegeben: Das Angeln. Sie waren zum Hochseefischen jedes Jahr nach Hvide Sande gefahren. Der kleine Ort direkt an der Nordsee in Dänemark war ihr liebstes Ziel. Mit einem Fischerboot fuhren sie hinaus, angelten viele Stunden und grillten am Abend den Fisch im Ferienhaus. Sie waren ein Team, eine Einheit. Als er gerade sechzehn war, starb sein Vater bei einem Bootsunfall auf der Nordsee. Sein Leichnam wurde nie gefunden und der Teenager saß plötzlich allein in einem fremden Land. Am Boden zerstört, wusste er nicht, was er jetzt tun sollte. Das deutsche Konsulat brachte ihn zurück nach Berlin, wo er in eine Pflegefamilie kam. Er war still, in sich zurückgezogen. Er hatte alles verloren. Es gab nur eines, an dem sein Herz hing. Und das war die Angel seines Vaters. Mittlerweile ist er fast dreißig, hat eine Frau, ein Kind und beide wissen, wie sehr ihn sein Leben belastet. Sie haben längst akzeptiert, dass die Momente an der Spree für ihn einen ebenso großen Stellenwert haben wie seine Familie.
Seine Frau hat lange auf ihn eingeredet, mit ihnen nach Hvide Sande zu fahren. Sie ist sich sicher, dass er diesen Urlaub braucht, um mit seiner Trauer umgehen zu können, sich auch von seinem Vater zu verabschieden. Es gibt kein

Grab, nichts, was man hätte beerdigen können. Er ist nie ans Meer zurückgekehrt. Nun hat er mit großen Bedenken eingewilligt und sie sind erst vor wenigen Tagen zurückgekommen. Er fühlt sich ausgeglichener, befreiter und heute hat er zum ersten Mal seinen Sohn dabei. Er möchte ihm zeigen, was ihm sein Vater einst gezeigt hat.
Die beiden geben ein schönes Bild ab und ich stelle mir vor, wie er einst als kleiner Junge aufmerksam zugehört hat, als sein Vater ihm erklärte, wie die Angel funktioniert. Ich bin sicher, dass er seinem den ersten gefangenen Fisch zubereiten wird, auch wenn ich persönlich nichts essen würde, was aus der Spree kommt.
Neulich habe ich mir Instagram eingerichtet. Facebook war mir nicht geheuer. Freundschaftsanfragen und viel zu offene Profile. Nichts für mich. Twitter fand ich blöd. Nun poste ich Bilder vom Wasser, die ich mit meinem Handy mache und schreibe darunter kleine Geschichten von den Menschen, die ich hier treffe. Auch, wenn ich niemandem folge, weil ich nicht wüsste, wem, haben sich in kurzer Zeit über fünfhundert Menschen gefunden, die sich meine Bilder und Texte anschauen. Es ist anonym. Ich bin nicht mal sicher, ob sie mir tatsächlich wegen der Bilder folgen. Die sind am Ende immer gleich. Ich fotografiere stets von meiner Bank aus und niemals Menschen. Aber vielleicht faszinieren sie die kleinen Geschichten.
Die Meinungen darunter sind geteilt. Einige finden die Perspektive, in der ich mich bewege, gewagt und spannend, andere nennen mich krank und ich solle einen Arzt aufsuchen. Wozu? Ich weiß um meine Probleme und deren Ursachen. Und da ich sie nicht Probleme nenne, wüsste ich auch nicht, was ich daran ändern soll. Ich schreibe nie etwas drunter, betätige lediglich das kleine Herz, um ihnen zu zeigen, dass ich ihren Kommentar vernommen habe.
Es macht mir Spaß und eröffnet eine neue Sichtweise auf

mein Umfeld. Es gibt kaum noch Momente, in denen ich nicht darüber nachdenke, wie das Leben des Menschen, der durch meinen Stummfilm läuft, aussehen könnte.
Eines hat mir aber zu denken gegeben. Jemand schrieb darunter, dass alles so entsetzlich negativ sei und ob ich tatsächlich der Meinung wäre, es gäbe keine glücklichen Menschen. Es war mir nie aufgefallen. Ich nehme die Geschichte, wie sie kommt und denke nicht darüber nach. Vielleicht sehe ich tatsächlich keine glücklichen Menschen. Es mag daran liegen, dass ich – so wie neulich erst wieder jemand kommentierte – total gestört bin. Warum? Weil ich keine glückliche Kindheit hatte? Weil sich meine Mutter einen Scheiß für mich interessiert? Weil ich Zeit meines Lebens das ausgegrenzte Nikotinkind war? Weil ich, seit ich denken kann, immer für mich allein war? Weil ich mit Menschen nur reden kann, wenn es einen triftigen Grund gibt? Weil mich die direkte Ansprache so dermaßen schockt, dass ich keinen Ton rausbringe? Weil mir die Berührung von Menschen unangenehm ist?
Ja, dann bin ich gestört. Aber ich tue niemandem etwas. Ich bin keine Gefahr für mich oder andere. Ich sitze lediglich auf einer Bank an der Spree, beobachte Menschen und frage mich, wie ihr Leben wohl aussieht.
Wer sagt, dass der Angler unglücklich ist? Der alte Mann, der ein erfülltes Leben mit seiner Frau hatte. Gut, ich gebe zu, meine Sicht auf die Welt ist etwas dramabehaftet. Aber das bedeutet nicht, dass die Menschen nicht aus diesem Drama herausfinden könnten. Wir werden es niemals erfahren.

Der Weg zu meiner Bank fühlt sich heute seltsam an. So, als wäre er länger und dunkler. Und daran ist nicht nur der wolkenverhangene Himmel Schuld. Die Sonne hat sich seit Tagen nicht gezeigt. Stattdessen fegt ein stetiger Wind durch Berlins Straßen. Irgendwie passend zu meiner aufgewühlten

Stimmung. Und es braucht schon einiges, um mich aus der Fassung zu bringen. Wenn man nichts und niemanden in sein Leben lässt, gibt es nichts, was einen aufregen könnte.
Ich setze mich auf meine Bank und schaue auf das unruhige Wasser. Es dauert nicht lange und das alte Ehepaar geht an mir vorbei. Sie in gebückter Haltung, während er sie stützt. Auf meiner Höhe bleiben sie stehen, damit sie ihr Tuch, das sie auf dem Kopf trägt, fester ziehen kann. Fürsorglich hilft er ihr und ich lege den Kopf schief.
Ich sagte ja schon einmal, dass ich über jeden mehrere Theorien habe. So auch über diese beiden. Eine neue formt sich in meinem Kopf.
Sie haben sich erst spät kennengelernt, erst spät Kinder bekommen. Ein Leben lang dachte sie, dass einen Partner zu haben, überflüssig sei. Sie hatte ihre Arbeit. Journalistin in einem großen Verlag. Der Beruf hat sie ausgefüllt und wenn sie Bedürfnisse gehabt hat, wusste sie, wo diese gestillt werden konnten. Sie war bereits vierzig, als er, der Auslandsjournalist, zu ihnen ins Team kam. Es war Freundschaft auf den ersten Blick. Gemeinsam entdeckten sie neue Horizonte, sowohl bei der Arbeit als auch im Privaten. Das erste Mal empfand sie so etwas wie Zuneigung und Hingabe. Sie teilten Träume und Wünsche, Gedanken und Bedürfnisse. Als sie bereits fast fünfzig war, wurde sie schwanger. Sie hatten beide nicht damit gerechnet und natürlich stand die Überlegung im Raum, ob sie dieses Kind tatsächlich wollten. Beide hatten diesen Abschnitt des Lebens bereits abgehakt. Er stand nicht mehr zur Debatte. Und plötzlich sollten sie von einem Kindersegen erfüllt sein? Im Nachhinein hat vor allem sie oft gedacht, dass sie diesen Weg niemals hätten gehen dürfen. Bereits die Zeit der Schwangerschaft war beschwerlich gewesen. Doch schlimmer als alles, was sie je erlebt hatte, war die Zeit danach. Ihre Tochter hatte seit dem Tag ihrer Geburt einen

schweren Hirnschaden, war stetig auf Hilfe angewiesen und würde niemals wie andere Kinder fröhlich über einen Spielplatz laufen, würde niemals eine normale Schule besuchen oder das Gefühl der ersten Liebe erleben. Die Ärzte hatten ihnen eine sehr schlechte Prognose gegeben, was die Lebensdauer ihres Babys anging. Heute wäre sie einundzwanzig geworden, doch sie hatte diesen Sommer nicht mehr erlebt. Das geschwächte Herz hatte den Dienst an einem Sonntag im Mai eingestellt, still und leise war sie in den Armen ihrer Mutter eingeschlafen. Und wieder hatte sie sich gesagt, dass sie dieses Kind niemals hätte bekommen dürfen. Sie war bis zu diesem Zeitpunkt eine lebenslustige Frau gewesen. Nun war sie gebrochen. Es ist schlimm genug, wenn Kinder ihre Eltern zu Grabe tragen, aber andersrum … vermutlich ist es kein Unterschied, aber es fühlte sich für sie so an. Ihr kleines Mädchen zu beerdigen hat ihr das Herz gebrochen, hat ihr Leben zerstört und alles in einen dunklen Schatten gehüllt. Nichts ist mehr übrig von dem einst verliebten Paar, welches so viele Pläne gehabt hatte.

Ich beobachte, wie sie ihm kurz über die Wange streicht, dann senkt sie den Kopf und das Paar geht weiter.

War es in der Tat schlimmer, das eigene Kind zu verlieren als Mutter und Vater? Ich habe keinen Vergleich. Ich kenne nur die eine Seite und die hüllt auch mein Leben gerade in einen sehr dunklen Schatten.

Ich erinnere mich noch, als wäre es erst wenige Stunden her, als die Polizei an meiner Tür geklingelt hat. Es war am Morgen gewesen und ich war gerade dabei, meine Schuhe anzuziehen. Verwirrt hatte ich die beiden Männer betrachtet, was ungünstig ist, da mein Hirn immer gleich auf Lebensgeschichte umschaltet. Doch das war schnell vorbei, als sie mir sagten, dass meine Mutter am Morgen in ihrer Wohnung aufgefunden worden war. Tot.

Ich habe die beiden, mit einem Schuh am Fuß, den anderen in der Hand, nur angestarrt. Und die ganze Zeit habe ich mich gefragt, ob das ein Gespräch persönlicher Natur und ob es eine notgedrungene Konversation war, auf die ich zu reagieren hatte. Das tue ich immer. So filtere ich heraus, ob ich reagieren muss oder nicht. Bei meinen Kollegen weiß ich es und antworte instinktiv. Die Frauen an der Kasse des Supermarktes kenne ich und antworte zurückhaltend, wenn eine kurze Konversation entsteht, doch meist habe ich Glück. Mit Eltern spreche ich ungern, aber es ist eine, wie ich sie nenne, unausweichliche Konversation. Kommt ein Gespräch überraschend, ohne dass ich mich darauf vorbereiten kann oder ich nicht weiß, dass es einen kurzen Wortwechsel gibt, reagiere ich mit Starren und im schlimmsten Fall mit sinnlosem Gestammel.
Der linke, jüngere Polizist fragte, ob es mir gut ginge und ich verstanden hätte, was sie mir sagen wollten. Ich nickte nur und zog meinen zweiten Schuh an. Das war die Polizei, ich durfte ihnen nicht einfach die Tür vor der Nase zuschlagen. Aber ich konnte ausweichen, in dem ich ihnen sagte, dass ich es eilig habe und am Nachmittag auf die Wache kommen würde. In der Tat war ich spät dran. Sie filterten das Wichtigste aus meinen unzusammenhängenden Worten heraus und gaben mir eine Adresse, an die ich mich wenden sollte. Schnell nahm ich meine Jacke, schloss die Tür und war noch vor den beiden Männern aus dem Haus.
Das Ganze war jetzt vier Tage her und ich hatte frei bekommen, um meine Angelegenheiten zu regeln, wie meine Chefin es nannte. Das bedeutete, dass ich mich um eine Beisetzung kümmern musste, für eine Frau, die mir nichts bedeutete. Ich legte der zuständigen Behörde die Fakten dar, auch, dass ich allein nicht genug verdiente, um eine Beerdigung zu bezahlen. Man einigte sich darauf, dass ich eine Beihilfe bekäme, also nicht alle Kosten an mir hängen

bleiben würden. Ich hatte nicht lange überlegen müssen, um zu entscheiden, dass ich eine anonyme Beerdigung wollte. Keinen Grabstein oder sonstiges. Eine kleine Blumenvase auf einer Wiese. Ich habe keine Ahnung, ob es das ist, was sie für sich wollte. Aber das würde mir gefallen. Auch, wenn ich am Ende Geld ausgeben musste, war das noch der einfache Teil. Durch diese Kosten konnte ich mir keine Firma leisten, die die Wohnung entrümpeln würde. Lediglich ein kleiner Container stand vor der Wohnung.
Und nun fing das Drama tatsächlich an.
Mein altes Zimmer war leer und ich riss die vergilbten Tapeten ab. Badezimmer und Küche waren ebenso schnell erledigt. All die Dosen würde ich spenden. Das war abgesprochen und ich musste sie nur in eine geschlossene Kiste vor die Haustür stellen. Die Möbel nahm ich auseinander und trug sie in den Container. Mit jedem Scheppern und Krachen warf ich ein weiteres Stück meiner Kindheit weg. Man könnte meinen, es wäre ein Befreiungsschlag, aber am Ende war es nur Arbeit, die ich nicht machen wollte, aber machen musste. Bevor ich auch nur irgendwas weggeworfen hatte, war eine Dame von der Verwaltung dagewesen, um die Wohnung zu begutachten. Und was sie gesehen hatte, ruinierte mich vollends. Vierzig Jahre Kettenraucherei, Partys und wenig Lüften hatten aus der Zweiraumwohnung eine vergilbte, zerstörte Höhle gemacht. Der alte Vertrag war hinfällig, ich musste für die Schäden aufkommen. Laut ihrer Einschätzung musste diese Wohnung kernsaniert werden. Das bedeutete für mich, dass alle Tapeten runter mussten. Für die Verwaltung hieß es, dass sämtliche Türen und Rahmen gestrichen werden mussten, der Putz musste runter, und ich konnte nur hoffen, dass ich die gelben Fensterrahmen wieder sauber bekommen würde. Eine Kaution gab es nicht. Zum zweiten Mal ging es damit an mein Erspartes. Ich wollte wirklich nur noch weinen.

Als ich am zweiten Tag ins Wohnzimmer ging, ließ ich mich auf den Sessel sinken. Verzweiflung kroch in mir hoch und ich hasste meine Mutter noch mehr als ohnehin schon. Und hätte die Möglichkeit bestanden, hätte ich ihre verdammte Urne einfach in den Container geworfen.
Ich wusste beim besten Willen nicht, wie ich dieses verdammte Sofa in den Müll bekommen sollte. Kurz wünschte ich mir den Sportler zu mir. Der würde das Ding einfach huckepack nehmen. Doch das war nur ein kleiner Traum und so musste ich zwangsläufig Hilfe suchen. Ich hatte meine Kollegin angerufen, von der ich wusste, dass ihr Mann gerade Urlaub hatte, und sie schickte ihn vorbei, um mit mir Sofa, Sessel und Tisch zu entsorgen. Stammelnd bedankte ich mich und betrat wieder die Wohnung. Da ich meine Geburtsurkunde nicht hatte und nun die Chance bestand, sie doch noch zu bekommen, blieb mir nichts anderes übrig, als die Schränke beim Leerräumen zu durchsuchen. In allen Zimmern waren die Fenster weit aufgerissen und ich hatte bereits mehrere Müllsäcke im Flur stehen, als ich mich an die Arbeit machte. Ich fand viele leere und volle Flaschen Alkohol, die ich schnell entsorgte. Unmengen Tabakpapier, was ich seltsam fand, da sie nie gerollt hatte und Jahre alte Supermarktwerbung. All das flog in die Tüten. Und ich wusste, dass mein Shirt samt Trainingshose und Schuhen ebenfalls im Container landen würde.
In einem Schubfach entdeckte ich einen großen Stapel Fotos und Briefe.
Ich setzte mich auf den Boden und schaute sie mir an. Es waren Fotos meiner Mutter aus ihrer Jugendzeit. Bilder von jungen Menschen, die Partys für den Sinn des Lebens hielten. Die Bilder zeigten Feiern am See, sowie in dieser Wohnung. Das erkannte ich an der Tapete, die noch immer an den Wänden hing. Es waren Kinderfotos dabei, die laut

Datum meine Mutter zeigten und somit sah ich das erste Mal Bilder meiner Großeltern. Ich hatte sie mir immer anders vorgestellt. Zierlicher und kleiner. Doch Großmutter war das komplette Gegenteil. Und sie sah gutmütig aus. Vielleicht wäre ich gar nicht so »gestört«, wenn ich bei ihnen aufgewachsen wäre. Großvater trug auf fast allen Bildern einen Schnauzer. Sie sahen nicht so aus, als hätten sie das Leben ihrer Tochter gutgeheißen. Ich warf die Bilder in den Müll. Ein Brief jedoch weckte meine Neugierde. Ich hatte den Namen auf dem Umschlag nie gehört, also zog ich das Blatt heraus und lehnte mich an die Wand.

»Wie ich erfahren habe, bist du schwanger und erzählst überall herum, das Kind sei von mir. Warum hast du dich nicht gemeldet? Warum hattest du nicht den Anstand, mir zu sagen, dass ich Vater werde? Monatelang haben wir uns getroffen und trotzdem bin ich es nicht wert, zu erfahren, dass ich Vater werde?«

Ich las nicht weiter. Zu sehr erschienen Bilder in meinem Kopf über einen Mann, den ich nicht kennenlernen wollte. Hatte er mich je gesehen? Hatte sie ihm überhaupt gesagt, dass ich auf der Welt angekommen war? Dass ich ein Junge war? Vielleicht wusste er nichts, oder er wusste alles und es interessierte ihn nicht. Andererseits schien er sehr verärgert gewesen zu sein, nicht erfahren zu haben, dass er Vater werden würde. Und noch eine Frage stellte sich mir, als ich die Sterbeurkunden meiner Großeltern fand. Sie waren zwei Jahre nach meiner Geburt gestorben. Hatten sie mich kennengelernt? Was für eine Familie hatte ich da erwischt? Wenn sie mich kennengelernt hatten, wieso musste ich bei dieser Frau bleiben?

Ich warf den Brief wütend weg und steckte wichtige Dokumente in eine Mappe. Zwischen all den Fotos fand ich ein Bild, auf dem mein Name und das Geburtsdatum standen. Es war das Foto aus dem Krankenhaus. Wieso hatte meine Mutter das aufgehoben? Wenn ich ihr doch nichts

bedeutet habe, wieso ging dieses Bild nicht gleich in den Müll? Müßig, darüber nachzudenken, denn ich würde die Wahrheit nicht erfahren und ich wollte auch keine Geschichte in den Kopf bekommen, die etwas entschuldigt, was nicht entschuldbar ist.
Alles, was am Ende von dem Leben meiner Mutter übriggeblieben war, befand sich in einer dünnen Mappe. Alles andere fand den Weg in den Container. Davor zu stehen und all das zu sehen, war ein eigentümliches Gefühl. Es war ja auch irgendwie mein Leben. Ich hatte so oft die Kücheneinrichtung benutzt, um mir etwas zu essen zu machen. Von meiner Mutter hatte ich irgendwann nichts mehr bekommen.
Durch meinen Job weiß ich, dass ich das Musterbeispiel kindlicher Vernachlässigung gewesen bin. Wenn es jemanden interessiert hätte, wäre ich in eine Kriseneinrichtung gekommen und von dort in eine Pflegefamilie und meine Mutter hätte es nicht einmal bemerkt. Ich wäre entweder untergegangen, so wie es tatsächlich der Fall gewesen ist, oder man hätte mich aufgefangen und liebgewonnen. Ein seltsames Gefühl, zu wissen, dass sich vielleicht jemand um mich gekümmert hätte.
Als ich bei meiner Bank ankomme, stocke ich. Sie ist besetzt. Zwei Jugendliche sitzen dort, rauchen, trinken und zwischen ihnen stehen zwei weitere Sixpacks. So schnell würden sie nicht aufstehen.
Gerade jetzt wünsche ich mir mehr als sonst, dass ich keine Störung im Umgang mit Menschen hätte. Denn dann könnte ich den beiden sagen, dass sie gefälligst von meiner Bank verschwinden sollen. Doch allein die Vorstellung tut mir schon weh und so stehe ich wie angewurzelt da und rühre mich nicht mehr. Das ist mir noch nie passiert. Sie ist noch nie besetzt gewesen und dass es an einem Tag passiert, wo das Wetter echt zweifelhaft ist, macht mich besonders fertig.

Langsam sinke ich auf einen Baumstamm und schaue ratlos zur Bank.
»Tag für Tag sitzen wir dort, nur heute nicht.«
Ich sehe auf, in das Gesicht des alten Mannes. Mit offenem Mund starrte ich ihn an.
»Meine Frau sitzt beim Arzt. Wo soll ich jetzt hin ...« Er geht weiter und ich schaue ihm sprachlos nach. Dass er eine Bank ein paar Meter weiter ansteuert, registrierte ich. Doch nun, wo er mich wahrgenommen und angesprochen hat, kann ich mich nicht neben ihn setzen.
Oder vielleicht doch?

Der Balkon

Zoes Geschichte

»Schlampe!«
»Die legt sich doch unter jeden Typen!«
»Du hast sicher irgendwelche Krankheiten, du Seuche!«

Mein Name ist Zoe und ich bin vierundzwanzig Jahre alt. Seit all diesen Jahren lebe ich in Berlin. Ich hasse meine Heimatstadt aus so vielen Gründen. Und dass sie voll und laut ist, steht auf der Liste ganz unten. Meine Wohnung liegt im Südosten, nahe der Spree. Viel Grün und wenig Großstadt, aber am Ende leben auch hier zu viele Menschen. Nun könnte man fragen, warum ich nicht wegziehe. Irgendwohin, wo wenig Menschen sind. Aufs Land. Ich bin nicht sicher, ob es etwas an meiner Situation ändern würde. Vielleicht sollte ich es wie ein Einsiedler machen. Raus in die Natur, weg von der Zivilisation. Keine Menschenseele um mich herum. Kann man an Vereinsamung sterben? Wenn man niemanden hat, mit dem man reden kann? Wovon sollte ich leben? Wovon lebe ich jetzt? Lebe ich überhaupt? Eine Frage, die ich mir jeden Morgen stelle, wenn ich mit geschlossenen Augen im Bett liege und darüber nachdenke, wie der Tag wohl werden wird. Werde ich ihn überstehen?

Seit beinahe fünf Jahren lebe ich allein in zwei Zimmern. Ich habe eine offene Küche mitten im Wohnzimmer, ein Schlafzimmer und ein kleines Bad. Doch das Wertvollste ist mein verglaster Balkon. Das war mir sehr wichtig, aus vielen Gründen. Der Balkon ist ein Arbeitsplatz, im Sommer wie im Winter. Dort stehen mein kleiner Schreibtisch, eine Stehlampe, die einst meiner Oma gehört hat und viele Grünpflanzen. Mama bringt sie mir mit. Überhaupt ist die ganze Wohnung mit Pflanzen übersät. Sie zu pflegen entspannt mich, schenkt mir Kraft. Kraft, die mir sehr oft fehlt. Ich brauche Struktur, einen festen Tagesablauf. Veränderungen machen mich nervös. Aber die gibt es nur sehr selten.

Mein kleines Reich ist sauber und gepflegt. Ein Teil meiner Struktur. Nicht zu wissen, was passiert, treibt meine Unruhe ins Unermessliche. Meine Eltern wissen das. Sie besuchen mich jeden Mittwoch, um nach mir zu sehen, meinen Kühlschrank zu füllen und Getränke zu bringen. Sie kommen um

fünf am Nachmittag. Wird es später, schreibt Mama eine SMS auf ein uraltes Handy, aber meist sind sie pünktlich. Sie klingeln dreimal, dann kommen sie hoch in den 1. Stock und schließen auf.
An diesem Tag nimmt Papa meinen Müll mit. An allen anderen Tagen macht es eine junge Frau, die mit ihrer kleinen Tochter über mir wohnt. Mama hat ihr schon so oft Geld angeboten, doch das lehnt sie ab. Sandra sagte einmal zu meiner Mutter, dass sie einst in einer ähnlichen Situation gewesen sei. Ihre Tochter hat sie gerettet. Ich weiß nicht, ob mich jemals etwas retten kann.
Ich stelle den Mülleimer vor die Tür und sie nimmt die Tüte am Morgen mit, wenn sie ihre Tochter zur Kita bringt.
Samstags kommt Mama allein. Papa ist dann beim Skat mit seinen Freunden. Sie trinkt mit mir eine Tasse Tee, redet von ihrer Woche und geht wieder. Oft bringt sie mir an diesen Tagen eine neue Pflanze mit.
Ich arbeite seit vier Jahren als Autorin. Bereits achtzehn Bücher und Gedichtbände habe ich herausgebracht. Meine Geschichten handeln entweder von packender Dunkelheit oder von einem erträumten Leben. Niemand kennt die Poetin.
Der Verlag schützt mich streng. Sie verdienen gut an meinen Büchern. Die Gedichte werden von mir handgeschrieben zum Verlag geschickt, der sie in meiner Schrift veröffentlicht. Sie finden sehr viel Anklang. Mehrmals wurden sie in großen Internetportalen präsentiert oder, so wie letztes Jahr, bei einer Ärztetagung von Therapeuten vorgetragen. Erst vor zwei Wochen gab ich mein Einverständnis, dass »Vergessen« in ein Lehrbuch für Psychologie aufgenommen wird.
Die Themen meiner Bücher sind sehr verschieden. Manchmal geht es um Schicksalsschläge, um verletzte Herzen und Tränen, dann wieder um die Hürden der Liebe bis hin zum seligen Happy End. Wohl fühle ich mich dabei nie, denn

seien wir mal ehrlich, wie oft gibt es im Leben tatsächlich ein Happy End? So ein echtes, mit Herzchen, Täubchen und Traumhochzeit. Ich kenne niemanden. Nicht einmal meine Eltern haben ein Happy End. Sie haben mich.
Es gibt viele Tage, an denen ich mir genau das vorwerfe. Ich belaste sie, wo es nur geht. Gedanken, die von allein kommen und gehen. Sie schreien manchmal, dann flüstern sie wieder süß in mein Ohr. Es gibt Augenblicke, wo ich sie gut ignorieren kann. Wenn ich schreibe, tauche ich ab. Ich bin dann nicht mehr im Hier und Jetzt. Ich bin dann in meiner Geschichte gefangen. So ähnlich schrieb es mal ein Kritiker: »Es fühlt sich so an, als hätte die Autorin all diese Geschichten wirklich erlebt.«
Manchmal kommt es mir auch so vor. Vor allem, wenn es um meine Krankheiten geht. Ich habe Depressionen, eine ausgeprägte Sozialphobie, Panikattacken, bin nicht in der Lage, meine Wohnung zu verlassen. Seit sechs Jahren. Der Umzug in diese Wohnung war mein persönlicher Horror. Die elterliche Wohnung zu verlassen, weil meine Mutter mit meinem Krankheitsbild nicht umgehen konnte. Erst als sie sich Hilfe bei Angehörigen und Leidensgenossen gesucht hatte, verstand sie, warum ich nicht mehr hinausgehen konnte. Wie soll man das auch verstehen, wenn man nicht in solch einer Situation steckt?
Es hat lange gedauert, bis diese Räume meine Zuflucht geworden sind. Und auch hier versuchten meine Eltern alles, um mich vor die Tür zu bringen. Ohne Erfolg. Ich kann es nicht. Papa will, dass ich eine Therapie mache und vermutlich ist es das einzig Logische, aber ich kann es nicht. Es würde bedeuten, mit anderen Menschen zu reden, es würde bedeuten, die Wohnung zu verlassen. Allein der Gedanke macht mir eine Scheißangst.
Vor zwei Jahren habe ich mir einmal böse in die Hand geschnitten. Es war keine Absicht gewesen. Der kleine Kürbis

war hartnäckig gewesen und ich war mit dem Messer abgerutscht. Doch das Blut lief und die Gedanken brüllten. Einfach laufen lassen. Zusehen, wie es ins Waschbecken tropft. Es gab schließlich Menschen, die davon profitieren würden, allen voran meine Eltern. Dann machte ich mir bewusst, dass ich ein Einzelkind bin und die beiden es nicht verkraften würden, ihr extrem verkorkstes Kind zu beerdigen. Papa sagte mal zu Mama, dass ich nicht krank im herkömmlichen Sinne wäre. Ich sei nicht herz- oder nierenkrank, hätte keine geistige oder körperliche Behinderung. Ich war nicht krank. Ein Satz, der mich oft begleitet hat. Bis ich vor wenigen Monaten meine Diagnose bekam, war ich nicht krank. Was dann?

Die Depression war mir bewusst und ich wusste auch, warum ich Menschen nicht gegenübertreten konnte. Eine Autorenkollegin hatte meine Gedichte gelesen und diese nicht als poetische Meisterwerke, sondern als Hilfeschrei wahrgenommen. Unsere Korrespondenz fand allein via E-Mail statt. Sie ist praktizierende Therapeutin und Jugendpsychologin und stellte mir eine inoffizielle Diagnose. Auch bot sie an, mich mittels Skype zu behandeln, doch das lehnte ich ab. Es ging nicht. Zudem hatte ich bereits das Gefühl, viel zu viel gesagt zu haben.

Und so wie andere Menschen mit chronischen Erkrankungen leben müssen, hatte ich die meine als einen Teil meines Lebens akzeptiert. Mehr noch. Wir hatten uns arrangiert. Mein gesamter Alltag war so aufgebaut, dass ich nicht das Gefühl hatte, komplett auszurasten.

Natürlich gab es gute und schlechte Tage. Die guten verbrachte ich auf meinem Balkon, schrieb meine Geschichten und trank Tee. Manchmal saß ich in dem Schaukelstuhl und träumte.

Schlechte Tage verbrachte ich im Bett. Der Tag, als ich mich geschnitten habe, ist ein pechschwarzer Tag gewesen. Nach

langer Überlegung habe ich doch ein Handtuch auf die Wunde gepresst und meine Mutter angerufen. Und ja, sie hat all das Blut im Waschbecken gesehen.
Der vorwurfsvolle Blick kam sofort. Ich musste nichts sagen. Ihr ist bewusst, dass ich durchaus gefährdet bin. Was folgte, war eine heftige Diskussion darüber, ob die Wunde genäht werden musste oder nicht. Ich wollte nicht raus. Ich habe bitterlich geweint und mich gegen Mama gewehrt. Schließlich kam Papa zu mir und ich fuhr, mit den Nerven vollkommen am Ende, im Auto mit. Im Krankenhaus wollte Papa mich gleich einweisen lassen, doch der Arzt bremste ihn aus. Ich wollte weg. So schnell, wie es nur ging. Und das machte er meinem Vater deutlich. Flink wurde ich versorgt, bekam etwas zur Beruhigung und Papa fuhr mich widerwillig nach Hause. Da hatte er mich schon in einer Klinik und wurde ausgebremst. Es hat mir hinterher so unglaublich leidgetan, dass ich ihm ein Gedicht geschrieben habe und eine Woche lang nicht aus dem Bett gekommen bin. Solche Momente ziehen mich unglaublich runter.

Was ist passiert, dass ich da bin, wo ich heute bin? Es muss nicht immer etwas Schlimmes passieren, um unter Depressionen zu leiden. Die Wissenschaft ist sich sicher, dass auch erbliche Faktoren eine gravierende Rolle spielen. Meine Großmutter mütterlicherseits war seelisch krank. Vielleicht habe ich die Veranlagung von ihr. Für eine depressive Episode braucht es meist ein Geschehen im Leben des Betroffenen. Nicht immer, aber oft. Ich war schon immer anders als andere Jugendliche. Ruhiger, leiser, zurückgezogener. Die Nähe von Menschen war schon in der Schulzeit eine Belastung. Und da fing auch alles an. Ich war nicht dick, hatte nicht, wie eine Klassenkameradin, lange, krause Haare oder trug eine Zahnspange. Ich war eine graue Maus, nicht mehr und nicht weniger. Ich war der Punchingball, gegen den man

treten konnte, wie es die eigene Laune hergab und hatte nicht den Mut, mich dagegen aufzulehnen. Und eben weil ich nichts dagegen tat, wurde es von Woche zu Woche, von Monat zu Monat und von Schuljahr zu Schuljahr schlimmer.
Meine Eltern haben nie viel Geld besessen. Das spiegelte sich auch in meiner Kleidung wieder. Keine Markensachen oder ähnliches. Es war mir im Grunde auch nie wichtig gewesen. Nur meinen Klassenkameraden war es ein Bedürfnis, sie zu tragen und mir täglich unter die Nase zu reiben, was ich nicht besaß. Es war ein ständiges Auf und Ab, einen Grund hat es nie gebraucht. Die Jungen drängten mich in eine Ecke, fassten mich an, zerrten an mir, überschütteten mich mit obszönen Worten, die ich noch heute in der Nacht höre. Am Ende der 10. Klasse lief das Fass über, als mir drei Jungen der Parallelklasse auflauerten und das Anfassen zu Ende brachten. Der Kreis meines Lebens schloss sich. Mädchen aus meiner Klasse sahen uns. Für den Bruchteil eines Augenblicks fühlte ich mich gerettet. Doch sie gingen weiter. Am nächsten Tag flüsterten sie leise *Nutte* und *Flittchen*. Tränen besaß ich nicht mehr. Ich schwieg, denn wem hätte ich mich anvertrauen sollen? Meine Mitschüler waren entweder Mobber oder Opfer. Dazwischen gab es kaum etwas. Während meinen Eltern nichts auffiel, denn still war ich ja schon immer, gingen andere Familien auf die Barrikaden. Und was tat die Schule? «Mobbing? So etwas gibt es bei uns nicht. Wir pflegen eine Null-Toleranz-Politik."
Für mich gab es nur zwei Möglichkeiten: die Menschheit zu meiden oder ein für alle Mal abzutreten.
Ich hörte einmal, wie ein Vater seinem Sohn sagte, dass die Schule irgendwann vorbei sei und das Elend ein Ende hätte, aber der Sohn schaffte es nicht, seinem Vater zu sagen, dass dann bereits alles zu spät wäre. Wir waren kaputt. Irreparabel. Und da half es auch nicht zu sagen, dass der

Schmerz irgendwann vorbei sei, wenn wir nur die Zähne fest genug zusammenbeißen würden. Wir waren zerbrochen.
Ich ging immer seltener zur Schule. Stattdessen verschanzte ich mich im Keller, wo ich die Dunkelheit lieben lernte. Ich wartete, bis meine Eltern aus dem Haus waren und ging in mein Zimmer zurück. Leider leben wir in einem Land, wo es selbst den ignorantesten Lehrern auffällt, wenn ein Schüler länger unentschuldigt fehlt. Es kamen Briefe, die ich vernichtete, bevor sie zu meinen Eltern gelangen konnten. Als da nichts passierte, rief mein Klassenlehrer an. Er berichtete meinen erstaunten Eltern, dass ich eine Schwänzerin sei, die ungehorsam war, nie Hausaufgaben mache und meine Lehrer ohnehin ignorieren würde. Der Mann wusste genau, warum ich so war, er wusste von dem Mobbing an dieser Schule und ich hatte mich lange gefragt, ob ein Mensch, der andere nicht am Mobben hindert, nicht selbst ein Mobber ist.
Meine Eltern stellten mich zur Rede, doch ich schwieg. Ich konnte es nicht aussprechen, selbst wenn ich es gewollt hätte. Ich habe nur auf meine Hände geschaut. Das tue ich heute noch, wenn ich gezwungen bin zu reden. Ich rede kaum freiwillig, wie sollte ich es dann unter Zwang können?
Während mein Vater tobte, suchte meine Mutter nach Antworten. Stur ging sie in meine Schule, sprach mit Lehrern und der Leitung und schlussendlich mit Eltern anderer Betroffener. Dort erfuhr sie zumindest einen Teil der Wahrheit.
Und wieder kam sie zu mir.
»Schatz, wirst du gemobbt?«
Nein, Mama, denn dieses Wort ist nicht im Ansatz ausreichend für das, was mir angetan wurde. Statt zu nicken, weil es weitläufig der Wahrheit entsprach, schüttelte ich den Kopf, weil ich es nicht Mobbing nannte, sondern seelische Höllenqualen, doch danach hatte sie nicht gefragt.

Mama schien im ersten Moment beruhigt, auch wenn sie spürte, dass etwas so gar nicht stimmte. Aber zumindest war es nicht Mobbing.
Ich verweigerte nach einer Attacke in Chemie nun gänzlich die Schule. Mir war es egal, ob eine Schulpflicht vorlag. Mir war es jedoch nicht egal, ob Mama und Papa Ärger bekamen. Das tat mir sehr leid. Doch allein der Gedanke, ich müsste zur Wohnungstür, sie öffnen und die schützenden Räume verlassen, bereitete mir unsagbare Schmerzen. Der Schweiß brach mir aus, ich zitterte, bis mir jeder Knochen wehtat. Ich weinte auch jedes Mal laut und unkontrolliert. Es war nicht mehr auszuhalten.
Und so ist es noch heute. Mama und Papa wissen bis heute nicht vollständig, was damals passiert ist. Nur der Chemievorfall, von dem man heute noch eine kleine Narbe auf dem Handrücken sieht, trug Folgen für zwei Jungen und ein Mädchen.
Sie wurden angeklagt und verurteilt. Eine Bewährungsstrafe mit Sozialstunden. Sie haben es weggelächelt und die Schultern gezuckt. Um diese Reaktion zu sehen, hatte ich fast zwei Stunden gebraucht, um loszugehen. Es traf mich hart und stieß mich tief in meine bestehende Depression.

Alles in allem ist das der Grund, warum es mir nicht gut geht, warum ich so bin, wie ich heute bin. Ich möchte nicht im Selbstmitleid baden. Ich weiß, dass solche Bäder mich nicht aufstehen lassen. Meine Bücher lassen mich leben. Durch sie existiere ich auf einer Ebene, die es niemals in der realen Welt geben wird. Ich werde nie durch den Regen tanzen wie Margot aus »Flammende Wolken« oder werde durch die Stadt laufen, Hand in Hand mit einem Jungen wie Sandra und Greg aus »Am Hafen geht die Sonne auf«. Es sind kitschige Liebesromane. Nicht alle meine Bücher sind so. Im Grunde verkörpern sie zwei Welten: die eine, die ich niemals

haben werde, die es gar nicht gibt und die andere, dunkle, von der ich mich isoliere.
Vermutlich werde ich immer irgendwo in der Dunkelheit hocken, doch die tut mir gut. Ich brauche keine Freunde, keinen Partner. Das würde nicht gutgehen.
Was ich brauche, ist ein kleiner Traum. Etwas, das meine Muse küsst. Meine Muse arbeitet genau unter meinem Balkon. Sein Name ist Danny. Vermutlich ist das eine Abkürzung für Daniel oder so. Ich höre die Kinder der Kita nur diesen Namen rufen. Von meinem Schreibplatz aus kann ich ihn gut sehen. Die kleine Waldkita liegt mit der Gartenseite genau am Rande unseres Hauses und Danny sitzt meist mit einem Teil der Kinder in einer Ecke, wo sie seit ein paar Wochen etwas bauen, das vielleicht einmal ein Baumhaus wird, oder eher ein Tipi.
Was mir an ihm aufgefallen ist: Er redet wenig. Die Kommunikation mit den Kindern läuft mit Blicken und knappen Worten. Er scheint auch nicht der Erzieher zu sein, der weinende oder traurige Kinder sofort an sich reißt, wie es eine andere Erzieherin tut. Er setzt sich meist schweigend daneben und wartet, ob das Kind Körperkontakt wünscht. Das macht ihn in meiner Welt sehr wertvoll. Andere Menschen, egal ob groß oder klein, einfach an sich zu zerren, ist übergriffig und schrecklich.
Meine Mutter hat mitbekommen, dass ich ihn oft beobachte und fragte mich, ob ich Interesse an ihm habe. Interesse an einem anderen Menschen zu haben, bedeutet, den Wunsch zu haben, ihn kennenzulernen. Ich bin sicher, das nicht zu können. In welcher Situation sollte das sein? Ich kann nicht zu ihm, nicht diese Wohnung verlassen. Mama weiß das und schlug vor, ihn einzuladen. Wie würde ein solches Treffen in meiner Wohnung, in meiner kleinen Seifenblase ablaufen? Er würde auf meinem Sofa hocken, ich in der Küche stehen. Bis ich den Mut aufbringen würde, mich zu ihm zu setzen,

wäre er verdurstet oder eher wieder gegangen. Was ich von ihm beobachten kann, ist nicht besonders offen. Er redet kaum mit anderen Erziehern, geschweige denn mit Eltern. Einzig mit den Kindern spricht er und auch dort nur das Nötigste. Was ist also seine Störung? Danny scheint sehr introvertiert zu sein. Ich konnte einmal beobachten, dass eine ältere Dame, vermutlich die Oma eines Kindes, ihn ansprach. Aus dem Nichts heraus stand sie plötzlich da. Und er? Danny rührte sich nicht. Starrte sie nur an, bis eine Kollegin dazwischen ging und sich um die Dame kümmerte. Warum konnte er nicht? Hatte er eine Blockade? Auch wenn es mir für ihn sehr leidtut, weil es eine Hürde in seinem Leben ist, die er scheinbar nicht überwinden kann, gefällt mir der Gedanke, dass wir beide nicht für die Gesellschaft gemacht sind. Andererseits gibt es vermutlich niemals ein Happy End für uns. Wenn ich ein «Hey" rausbringen würde, könnte er mich nur anstarren. Keine gute Basis für eine Konversation.

Mama ist gerade gekommen und hat mich gefragt, seit wann ich meine Geschichten mit der Hand schreibe. Als ich ihr sage, dass es meine eigene Geschichte ist, fragt sie mich, ob sie sie lesen darf. Ich bin unsicher. Es gibt Dinge, von denen weiß sie bis heute nichts. Möchte ich ihr diese Bilder aufzwingen? Ich erkläre es ihr und sie versteht es. Vielleicht ist es besser, wenn sie nicht alles weiß. Jedoch spreche ich immer wieder über Danny und dazu hat sie eine Idee. Eine, die mir gut gefällt. Ich kann nicht zu ihm gehen, nicht sprechen, aber ich kann schreiben. Mama würde dafür sorgen, dass er meinen Brief bekommt.
Erst als er Feierabend hat, kann ich mich auf mein Vorhaben konzentrieren und fange an.

Sie sitzt am Tisch, vor ihr eine Tasse Tee, eine Kerze und ein leeres Blatt Papier. Es ist still, Musik gibt es selten, es lenkt die Gedanken in Zeiten, die nicht gut für sie sind. Dann nimmt sie ihren alten Füller und beginnt zu schreiben. Einen Brief an einen jungen Mann, der ihr schon vor vielen Monaten aufgefallen ist. Jedes andere Mädchen wäre sicher auf ihn zugegangen. Sie hätte gefragt, ob sie mal ins Kino gehen wollen, doch sie könnte es nicht in Worte fassen. Sie wüsste nicht mal wie. Ungeachtet dessen würde sie auch nicht ins Kino gehen. Sie geht nirgendwohin. Niemals. Und doch möchte sie diesem Mann mitteilen, dass sie existiert. Sie kennt ihn nicht, nur seinen Namen, seinen Spitznamen. Er ist Erzieher, spricht kaum und eigentlich auch nur, wenn es unbedingt sein muss. Seine Pausen verbringt er vor dem Zaun, allein mit einem Buch und einem Stift. Er schreibt. Nur was? Gedichte? Geschichten? Sollten sie etwas gemeinsam haben? Der Erzieher und die Autorin? Es gäbe vermutlich niemals eine Romanze, das kann sie nicht. Wozu dann also die Mühe? Vielleicht ein kleiner Vorstoß auf ein wenig Kommunikation in ihrem Leben. Vielleicht die Möglichkeit auf eine Konversation, die nicht allein darauf beruht, dem anderen so nah wie möglich zu kommen. Das will sie nicht. Sie mag ihre Einsamkeit. Sie bietet ihr Schutz. Sie möchte einfach nur sagen: Hey, ich bin Zoe. Aber nicht mal das kann sie und so ist der Brief an Danny, den Erzieher, kein typischer Brief, sondern der Beginn einer weiteren Geschichte.

Mama gibt den Brief ab. Es passiert tagelang nichts. Ich bin nicht mal sicher, ob ich aufgeregt bin. Vielleicht bin ich es nicht, weil ich aufgehört habe, Dinge zu erwarten. Man sagt zwar, die Hoffnung stirbt zuletzt, aber das trifft nur auf Menschen zu, die positive Dinge erlebt haben und daher ein Gefühl wie Hoffnung kennen. Sicher kann man sagen, dass ich bis zum Eintritt in die Gesamtschule viele positive Erlebnisse hatte, doch die sind unsichtbar geworden, wie eine wohlriechende Duftwolke in einer Klärgrube. Sie ist da, ich nehme sie wahr, aber ich bekomme sie nicht zu greifen. So

ist es mit den Erinnerungen an meine Kindheit. Der Gestank der Klärgrube ist dafür leider viel zu präsent.
Beinahe zwei Wochen später bringt Mama mir zwei Briefe. Einer ist von meiner Verlegerin, der ich dummerweise von diesem Heft erzählt habe und die mir mit dem neuen Buchvertrag gleich einen Bettelbrief mitgeschickt hat, ich solle endlich meine Geschichte komplett erzählen. Sie versteht es nicht, sieht nicht das schwarze Loch, in das mich dieses Buch stoßen würde. Selbst das hier ist schon manchmal viel zu viel. Ich habe nur sehr wenig von damals geschrieben und es hat mich heimgesucht. Hin und wieder kommt es von allein oder ich rufe es selbst hervor.
Bei dem zweiten Brief grinst sie seltsam breit. Das kenne ich nicht von ihr und es macht mir Angst. Sie wedelt mit dem Umschlag und schaut mich dabei aufgeregt und fragend an, als würde ich so darauf kommen, was genau sie von mir möchte. Irgendwann gibt sie ihn mir seufzend, weil ich ihrer Euphorie nicht verfallen bin. Ich schaue auf den Absender. Keine Briefmarke, nur mein Name und seiner. Mama erzählt, dass sie eben in der Kita gewesen ist und gefragt hat, ob mein Brief weitergegeben worden sei. Die Leiterin gab ihr mit einem Lächeln den Umschlag, den ich nun in der Hand halte. Kurz fühlt es sich so an, als hätte ich etwas Herzklopfen, aber ich lächle einfach nur.
Mama regt sich auf, weil ich den Brief ohne sie öffnen möchte. Sie ist aufgeregt. Ein potenzieller Schwiegersohn-Kandidat taucht in unser aller Leben auf und ich schließe sie aus. Ja, aus einem einfachen Grund: Wenn der Brief negativ sein sollte – vielleicht macht er sich über mich lustig – könnte ich ihre Anwesenheit nicht ertragen. Stattdessen lege ich den Umschlag auf meinen Schreibtisch. Danny hat bereits Feierabend. Es hat heute immer wieder geregnet, so dass die Gruppe oft drinbleiben musste. Er war hin und wieder mit einer Handvoll Kinder rausgekommen. Mit einer

Mütze und einer Kapuze auf dem Kopf hat er sie nur beobachtet, wie sie durch die Pfützen tobten. Zusammen mit dem Rauschen des Regens war das ein beruhigendes Bild und hat mir zudem eine neue Buchidee eingebracht.
Nun ist es dunkel und ich sitze in meinem Pyjama mit einer Tasse Tee auf meinem Sofa. Ich gebe zu, ich habe Angst, den Brief zu lesen. Und an noch etwas muss ich denken. Danny, meine Muse, könnte sich hier und jetzt von mir verabschieden. Noch einen Schluck Tee, dann öffne ich den Umschlag.
Die Schrift ist ordentlich für einen Jungen. Das gefällt mir sehr gut. Dann fange ich an zu lesen.

Ich habe selten gute Geschichten gelesen. Sie fühlen sich oft unehrlich und gespielt an. Früher in der Schule, wenn wir Bücher lesen mussten, um sie zu analysieren, fiel es mir oft schwer, einen positiven Aspekt zu finden. Wie auch, bei einer einzigen Lüge? Bitte versteh mich nicht falsch. Ich verstehe die Dynamik hinter einer Geschichte. Sie soll uns eine Welt vorgaukeln, die wir uns wünschen. Ich liebe Geschichten, die mir sagen, dass ich noch immer auf dieser Welt bin. Sie dürfen gern von der Realität abweichen, aber sie dürfen die Welt nicht verändern. Verwirrend? Jetzt weißt du, was manchmal in meinem Kopf vorgeht. Ich sehe mich nicht als Erzieher. Ich bin ein Geschichtenerzähler. Wir haben in der Tat etwas gemeinsam. Wir leben beide in einer Welt, die unsere Geschichte nicht hören will, weil wir sie daran erinnern, wie beschissen sie ist. Ich finde deine Art der Kontaktaufnahme gut. Lass uns eine Geschichte sein, die die Gesellschaft niemals zu lesen bekommt, weil sie sie niemals verstehen wird. Es würde sie abschrecken und hinter vorgehaltener Hand würden sie tuscheln, warum zwei erwachsene Menschen nicht in der Lage sind, aufeinander zuzugehen und zu sagen: Hey, ich bin Daniel. Gehen wir einen Kaffee trinken? Es würde nicht akzeptiert, dass wir genau das nicht können. Und bei all dem Schutz, den wir uns selbst auferlegen, vergessen wir, dass wir mit dem heftigen Wunsch nach Einsamkeit nicht allein sind. Sei eine Geschichte, Zoe,

und sei stolz darauf, denn am Ende sind wir das alle, auch wenn die anderen es nie verstehen werden.
Daniel

Ich lese den Brief mehrmals. Seine Worte berühren mich, wie es nie jemand geschafft hat. Und lächeln muss ich auch. Meine Liebesromane sind nicht seine Welt. Er bezeichnet sie als Lüge und damit hat er Recht. Die perfekte heile Welt gibt es nicht, denn haben zwei einsame Protagonisten auf schwerem, aufregendem oder gar gefährlichem Weg zusammengefunden, gibt es noch den zuckersüßen Kuss, eine gehauchte Liebeserklärung und das Buch schließt sich. Und was kommt dann? Streit wegen der unwichtigsten Dinge, zu viel Arbeit, keine Zeit für die ach so große Liebe, die man niemals loslassen wollte. Man setzt Kinder in die Welt, für die im Grunde keine Zeit ist. Sie entwickeln sich zu Arschlöchern und Mobbern und das Endprodukt sind Menschen wie Daniel und ich, die aus den verschiedensten Gründen den Glauben an die Menschheit aufgegeben haben. Ich verallgemeinere. Das ist mir bewusst, aber das ist mir leider ins Blut übergegangen.
Liebesgeschichten sind die literarische Großlüge an die Gesellschaft. Und doch sind sie wichtig. Sie lassen uns träumen. Träumt Daniel nie? Besteht seine Welt nur aus der harten Realität? Wovon ernährt er sich an schlechten Tagen? Eine Frage, die ich mir oft stelle.

Es sind zwei Tage vergangen, seit ich seinen Brief bekommen habe. Ich sitze in meinem Sessel, der am Fenster auf dem Balkon steht. Daniel hat Pause und schreibt in sein Buch. Er ist hübsch. Auf eine sehr unscheinbare Art und Weise. Kein Mann, nach dem man sich umdreht. Sein braunes Haar ist strubbelig und der Pony hängt ihm in die Augen. Als er mir das erste Mal aufgefallen ist, trug er sein Haar ras-

pelkurz. Diese Länge jetzt gefällt mir. Seine Augenfarbe kenne ich nicht, dafür ist er zu weit weg. Er scheint auch nicht zu rauchen. Er kaut manchmal auf seiner Unterlippe herum. Seltsamerweise habe ich auch nie ein Handy bei ihm gesehen. Ist das nicht ein sonst so typisches Merkmal unserer Generation? Als gäbe es die digitale Welt nicht. Wir haben einen Brief geschrieben.
Er schreibt schnell in sein Buch. Viele Seiten hat er bereits gefüllt. Er schreibt mit einem Füller. Ihn zu beobachten beruhigt mich irgendwie. Die Nacht ist lang gewesen und mir graut es vor dem langen Wochenende, wo ich den Luxus, ihn beobachten zu können, nicht habe. Da bin ich allein, bis auf die eine Stunde, in der meine Mutter da sein wird.
Vielleicht sollte ich ihm morgen Vormittag schreiben, so dass Mama den Brief mitnehmen kann. Den Rest des Wochenendes sollte ich nutzen, um das aktuelle Buch zu beenden. Auch wenn ich offiziell keinen Zeitdruck habe, so mache ich ihn mir selbst. Ideen habe ich viele gesammelt in Notizbüchern, die in meinem kleinen Regal stehen. Haben sie am Buchrücken eine rote Markierung, sind alle Ideen darin verbraucht oder verworfen. Nur für Daniel nicht habe ich ein solches Ideenbuch nicht. Für ihn gibt es nichts, was ich planen kann bis auf seinen Brief, der ordentlich abgeheftet ist. Er steckt in der Hülle einer leeren Dokumentenmappe. Er ist wie ein kleiner Schatz.
Mama hat mich am Mittwoch gefragt, ob ich in Daniel verliebt sei. Ich denke nicht, dass ich klassisch lieben kann. Hieße das nicht auch, dass ich mich nach Berührungen sehnen würde? Mama brachte den Gedanken an, dass ich womöglich asexuell sei. Auch solche Menschen könnten lieben. Platonische Liebe ist vielleicht nicht so oft vertreten wie eine körperliche, doch es gibt sie. Ich habe mir ihre Worte durch den Kopf gehen lassen. Doch am Ende ist es komplett egal.

Ich bin hier und er da draußen. Es führt kein Weg zueinander. Er ist einfach Daniel, meine … Geschichte.

Geschichten sind ein Spiegel unseres Selbst. Das sagte einmal mein Deutschlehrer. Ich habe damals nicht verstanden, was er damit meinte. Heute ist es mir sonnenklar. Meine Bücher spiegeln eine Welt wider, die ich niemals kennenlernen werde, nach der sich das kleine Mädchen mit all den Träumen aber sehnt. Und ein anderer Teil zeigt mir ganz klar, wie die Realität aussieht. Ich schreibe beides, um das kleine Mädchen glücklich zu machen und das große Mädchen in der verlogenen Welt zu halten. Ich habe mein Leben immer als verdammt schlechtes Buch gesehen. So einen billigen, dahingeschmierten Groschenroman, bei dem sich der Autor einen Dreck um seine Protagonisten schert. Mit dem er nur Geld verdienen will. Und am Ende hat er nicht mal Zeit für ein verdammtes Happy End. Das und nichts anderes bin ich. Zoe, 24 Jahre alt, eingesperrt in meinem Leben in dem es keinen Pauseknopf gibt, um einmal dieser Geschichte zu entweichen. Das klingt nach der Autorin in mir. Wo ist Zoe? Mit meiner Mutter rede ich normal, versprochen. Aber ich fürchte, ich bin nicht in der Lage, eine normale Konversation zu führen. Andererseits, was ist normal? Wie würde ich sprechen, stünde ich dir gegenüber? Mehr als ein «Hi" käme vermutlich nicht. So ist es schon besser.
Ich habe dich gestern mit dem kleinen Jungen beobachtet. Er wurde von den anderen ziemlich gehänselt, kann das sein? Gut zu wissen, dass es in seinem Leben jemanden gibt, der für ihn da ist. Manchmal wünschte ich mir, dass ich auch so jemanden gehabt hätte. Jemand, der erkennt, was da eigentlich passiert. Niemand denkt darüber nach, welche Folgen all das hat. Es ist Samstag und ich werde jetzt die letzten Seiten meines Buches in Angriff nehmen. Keine Lügen, nur die nackte Wahrheit Es ist interessant, wie verständnisvoll und wissend immer alle sein wollen und doch verstehen sie absolut nichts von dem, was ich ihnen versuche zu sagen. Seltsame Welt.
Zoe

Ich lese den Brief nochmal und setze meinen Namen darunter. Meinen, kein Pseudonym. Ob Daniel sich darüber bewusst ist, was das für mich bedeutet? Nein. Woher auch? Er kennt mich nicht. Das einzig Geschriebene, welches wirklich von mir ist, ist dieses Heft und ich denke, ich brauche bald ein neues. Meine Notizbücher möchte ich dafür nicht nehmen.
Ich schiebe den gefalteten Brief in einen Umschlag, lege einen Zettel mit meiner Adresse dazu, so dass Mama seinen Brief nicht abholen muss, klebe ihn zu und schreibe «Daniel" vorne drauf. Was wohl seine Kollegen davon halten, dass er Post von einem Mädchen bekommt? Sie werden ihn hoffentlich nicht damit aufziehen. Ich setze mich gleich an meinen Laptop und blende alles andere aus. Das kann ich gut. Nur dann bin ich wirklich in der Lage, zu schreiben. Bis etwa fünfzehn Uhr. Dann kommt Mama und ich gebe ihr den Brief mit.

Heute ist Donnerstag. Ich habe überlegt, ein Datum zu schreiben, aber das erscheint mir unwichtig. Das Heft ist nur für mich und wer weiß, ob ich es je nochmal lesen werde. Unsere Briefe stehen nicht nur hier drin. Sie sind in der Mappe. Auch meine als Kopie.
Die ganze Woche schon beobachte ich Daniel. Er nimmt sich sehr des kleinen Jungen an. Ich schätze ihn auf vier Jahre. So jung noch. Gestern ist er das erste Mal – zumindest habe ich es vorher nie gesehen – richtig deutlich geworden. Vier Jungen haben die Mütze des Kleineren herumgeworfen. Am Ende landete sie im Dreck. Der Junge weinte. Daniel ist im Haus gewesen, seine Kollegin hat auf die Tränen nicht reagiert. Mir hat es das Herz zerrissen und ich habe mein Fenster geöffnet, um laut «Hey!" zu brüllen, um Aufmerksamkeit zu erlangen, doch Daniel war schneller. Er hat seiner Kollegin einen bösen Blick zugeworfen, hat die vier

Jungen zu sich geholt und sie auf den Jungen aufmerksam gemacht. Sie sind vielleicht fünf oder sechs. Ein Alter, wo vieles noch unbewusst passiert. Daniel hat sich mit ihnen hingesetzt. Natürlich habe ich kein Wort verstanden, aber plötzlich sprach der kleine Junge, schnell und aufgeregt. Er schien etwas zu erklären und keiner der anderen unterbrach ihn. Es imponierte mir sehr, dass Daniel nicht laut geworden ist. Nur seine Mimik hat deutlich gemacht, dass er solch ein Verhalten nicht dulden würde. Ich stand noch immer am Fenster und er sah hoch. Warum auch immer hat er den Kopf gehoben. Es lässt sich nicht genau sagen, ob ihm klar war, wen er da vor sich hatte. Doch Daniel setzte sich zu den Kindern, die mit dem Holz spielten.
Ein Lächeln schlich sich auf mein Gesicht. Nicht, weil er mich vielleicht oder auch nicht gesehen hatte, sondern weil ich wirklich und ehrlich stolz auf ihn war. Kein böses und lautes Wort hatte seinen Mund verlassen. Er schimpfte nicht, er klärte auf. Er hatte mich so sehr beeindruckt. Beobachtungen meinerseits bleiben im Verborgenen. Er solle nicht denken, ich würde ihn stalken.
Vielleicht hat meine Mutter Recht. Vielleicht bin ich ein kleines bisschen verknallt. Ich bin ein Mensch, kein Psychopath oder so. Ich leide lediglich unter einer sozial-emotionalen Störung mit einer ausgeprägten Sozialphobie und mittleren bis starken Panikattacken. Natürlich bin ich in der Lage, mich zu verlieben. Das ändert aber nichts an der Tatsache, dass ich niemals da runter will. Er solle mir nur schreiben. Seine Ausdrucksweise gefällt mir.

Mama bringt mir am Samstag einen Brief mit. Ich erzähle ihr, was am Mittwoch passiert ist. Ihren Blick hat sie nicht so sehr im Griff. Er ist unglaublich verzückt und sie fragt, ob sie Mittwoch früher kommen dürfe, um sich Daniel sich anzuschauen. Ich bin nicht sicher, ob ich das will. Es ist meine Welt. Schlimm genug, dass sie von den Briefen weiß. Aber ich gebe ihr selten etwas zurück, also stimme ich zu. Allerdings mache ich ihr auch noch einmal sehr deutlich klar, dass ich nicht zu ihm gehen würde. Egal wie nett und sympathisch er am Ende ist, ich kann es nicht. Daniel bleibt, was er war: Eine Muse, ein Traum und vielleicht eine Brieffbekanntschaft. Mama ist unzufrieden-zufrieden. Sie darf ihn sehen, aber er würde kein Schwiegersohn werden. Sie lächelt und zupft aus meiner Begonie einige verwelkte Blüten. Dann sagt sie etwas, was mir zu denken gibt: »Du hast auch gesagt, du könntest mit anderen Menschen nicht kommunizieren. Und nun gibt es Daniel in deinem Leben. Denk darüber nach!«

Das ist eine interessante Sichtweise. Die Geschichten, die man lebt oder schreibt, sind der Spiegel unseres Selbst. Ich frage mich, wie das in Bezug auf mich zu werten ist. Ich schreibe nicht über mich, aber laut einhelliger Meinung meiner Kollegen bin ich ein zurückgezogener Kerl, der nie den Mund aufbekommt. Meine Leser sagen, ich sei depressiv und gestört, weil ich eine durchweg schlechte Meinung zum Leben habe. Alles ist negativ und böse. Ich muss ihnen zugutehalten, dass sie Recht haben. Jede meiner Geschichten ist traurig oder fies. Was sagt das also über mein Selbst? Irgendwie mag ich den Gedanken an das kleine Mädchen in dir, das Träume hat. Und gleichzeitig frage ich mich, wo der kleine Junge in mir steckt, der fast aus dem Fenster gefallen wäre. Ich glaube, den gibt es nicht mehr. Zu spüren ist er jedenfalls nicht. Aber dein Gedanke gefällt mir. Ich werde beim Schreiben darauf achten.

Deine Art zu reden ist nicht schlimm. Sie zeigt mir, wer du bist. Und eines ist erstaunlich: Seit so vielen Jahren sehen die Menschen mich nur, wenn es zwingend notwendig ist. Eltern, wenn sie ihre Kinder abholen, Kassierer, wenn sie mein Geld wollen. Du hast mich gesehen. Einfach so. Ohne etwas zu wollen. Ein zugegeben seltsames Gefühl. Und ich bin auch nicht sicher, ob ich es mag, aber ich akzeptiere es.

Der kleine Junge hat es sehr schwer. Du hast es gesehen, nicht wahr? Wir kennen dieses Gefühl nur zu gut, welches kaum zu beschreiben ist. Aber in Kindersprache ausgedrückt bedeutet es: Es tut mir weh. Das sagte er zu den vier Jungs und das sehr deutlich. Er hat es gut gemacht. Die Jungen haben es verstanden. Vorerst. Wer weiß, welche Einflüsse sie als nächstes mitreißen, die ein anderer ausbaden muss. Und so ist es doch immer gewesen. Jemand hat ein Problem und wir müssen es kompensieren.

Der Brief endet einfach so. Ohne seinen Namen oder einen Abschiedsgruß. Ungewollt trifft es mich. Bin ich mit meiner Beobachtung zu weit gegangen? Bin ich ihm damit zu nahegetreten?
Das tut mir leid und für die gesamte kommende Woche lasse ich die Jalousien unten. Ich will nicht feststellen, dass er mich sieht, aber ignoriert oder gar böse anschaut. Stattdessen ziehe ich mich in meine Schreibarbeit zurück, schaffe dadurch mehr, als ich geplant habe. Ich könnte jetzt sagen, dass alles seine Vorteile hat, wenn man nur lang genug danach sucht, aber so ist es nicht. Jeden Abend sitze ich auf meinem Sofa und denke an ihn. Meine Mutter sagt, ich sei verliebt, aber dieses Gefühl ist mir fremd. Ich will es nicht. Es frisst mich nur auf. Es lässt mich nicht schlafen. Ich schreibe und arbeite mehr als sonst in dieser Woche.

Heute ist Samstag und Mama ist da. Sie bringt auch meine Post und für einen kleinen Moment habe ich Hoffnung. Doch wozu? Ich habe ihm nicht geantwortet. Schweigend legt Mama meine Briefe auf den Tresen und bringt meinen Müll raus, während ich eine kleine Grünpflanze in den Händen halte, die sie mir mitgebracht hat. Wohin mit ihr? Sie ist fast so klein wie meine Hand, also stelle ich sie auf meinen Schreibtisch. Überall sonst wäre sie untergegangen. Mama kommt wieder und beobachtet mich. Sie sagt, dass ein Brief

von ihm dabei sei. Nun bin ich erstaunt und verwirrt. Warum schreibt er mir? Ich kann ihn nicht nehmen und bitte Mama, ihn zuerst zu lesen. Zu groß ist die Angst, dass er verlangt, ihn in Ruhe zu lassen.
Während Mama den Brief liest, rolle ich mich in einem zu großen Pullover auf meinem Sofa zusammen. Dass ich nervös bin, ärgert mich. Im Grunde habe ich ihn viel zu dicht an mich rangelassen. Nur wie soll ich jetzt wieder Abstand bekommen? Von so was habe ich keine Ahnung.
Mama fragt mich, ob er Autor sei. Genau weiß ich es nicht. Er ist Geschichtenschreiber. Nur was genau bedeutet das? Ich zucke also die Schultern und sehe sie unsicher an, als sie mir den Brief hinstreckt. Mit zitternder Hand nehme ich ihn. Doch anstatt ihn zu lesen, lege ich ihn auf den Tisch.
Mama lächelt mich auf die bekannt traurige Art und Weise an, wie sie es oft tut. Meine Hilflosigkeit sticht ihr ins Herz. Sie kocht mir Tee, stellt klassische Musik an, von der sie weiß, dass sie mir guttut. Klaviermusik, ruhig und entspannend. Dann schiebt sie mir den Brief hin, küsst mich auf den Kopf und geht. Nur meine Mutter weiß, wann ich Ruhe brauche. Papa weiß das nie. Mit geschlossenen Augen lausche ich den leisen Klängen, spüre richtig, wie sich mein Innerstes beruhigt. Nach einem Schluck Tee nehme ich Daniels Brief.

Es gibt dieses Mädchen. Sie lebt in einem Meer von Pflanzen. Das ist das Bild, das man von ihrem Balkon hat. Unmengen Pflanzen. Sie ersetzen Freunde, Bekannte, Familie. In ihrem Leben gibt es nicht viel. Ihre Mutter. Freunde hat sie nicht. Will sie auch nicht. Menschen tun ihr weh. Ein Leben lang haben sie ihr wehgetan. Nur ihre Mutter nicht. Sie war immer da, hat sie aufgefangen. Noch heute meidet sie die Menschen so gut es geht. Das tut sie immer, denn ihre Wohnung verlässt sie niemals. Es liegt an ihrer Vergangenheit. Sie hat die Menschen nie überwunden, die sie verletzt, getreten, bespuckt, beschimpft oder bedroht

haben. Sie hat alles über sich ergehen lassen müssen von Leuten in ihrem Umfeld. Heute traut sie niemandem mehr. Manchmal nicht mal sich selbst. Das hatte Folgen, all die Anschläge auf ihren Körper und ihre Seele haben aus ihr einen Schatten gemacht. Sie lebt allein für ihre Pflanzen, die einzigen Lebewesen in ihrem Leben, die ihr nichts Böses wollen. Liebevoll hegt und pflegt sie diese, schenkt ihnen das bisschen Liebe, zu dem sie imstande ist. Doch tief in ihrem Inneren will sie leben. Sie will vielleicht nicht shoppen gehen oder sich auf Menschenmassen einlassen, die sie auf Konzerten bedrängen. Aber sie möchte am Sonntagmorgen mit einem Buch im Café sitzen und einen wirklich guten Tee trinken. Sie möchte am Fluss sitzen und die Sonne genießen. Sie will in den Urlaub fahren. Hohe Berge sehen, die Füße im Meer baden. All das möchte sie, doch der Weg dahin ist lang, dunkel und steinig. Aber vielleicht muss sie ihn nicht allein gehen.
Der Geschichtenerzähler

Tränen laufen über meine Wangen und ich spüre, wie mein Herz rast. Er ist nicht böse auf mich. Er hat mich nicht »verlassen«. Daniel ist noch da. Ich schluchze ungewollt laut auf. Mit jedem Wort hat er mein Leben, meine Wünsche und Sehnsüchte getroffen. Woher weiß er das alles? Ich habe nie darüber gesprochen. Nicht in meinen Büchern oder in den Briefen an ihn. Ja, ich will nicht einsam sein. Ich will leben und lieben, aber das kann ich nicht, weil mir allein der Gedanke daran unglaublich wehtut. Vier lange Jahre tägliches Mobbing haben mich gezeichnet. Schläge, Verbrennungen, Telefonterror, Cybermobbing, Vergewaltigung in mehreren Fällen und Drohungen gegen meine Eltern und mich. Das ist mein schulischer Werdegang. Am Ende haben sie mich ausgelacht, als ich in einem letzten Versuch, mich selbst zu schützen und zu retten, sagte, dass Mobbing strafbar ist.
Daniel hat mein Leben in eine kleine Geschichte gepackt. Ist das seine Art des Schreibens? Diese kleinen Geschichten? Und was soll ich ihm darauf antworten?

Heute ist Montag, kurz vor halb neun am Morgen. Ich habe mir einen hellgrauen Jogginganzug angezogen und umklammere mit einer Hand die Tasse, mit der anderen schreibe ich. Ich warte auf ihn und spüre, wie mein Herz rast. Seine Geschichte habe ich eingeheftet. Sie ist mein kleiner Schatz.
Um 10 nach 9 kommt er in den Garten, stellt die Stühle an den Tisch, wischt ihn ab und holt aus der dunkelblauen Jeans einen Schlüssel hervor, mit dem er den kleinen Schuppen aufschließt. Diese Kita besitzt kaum Plastikspielzeug. Der Kindergarten ist auf Naturmaterialien ausgelegt. Holzroller, eine Lok auf Rädern. Einzig zwei Bälle und das Buddelzeug sind aus Plastik. Viel geben sie den Kindern nicht vor. Daniel holt alles raus, dann sieht er sich um. Sein Blick ruht plötzlich auf meinem Fenster. Ich stehe dort wie angewachsen, sehe ihn an und er mich. Es kommt mir vor wie Stunden. So gerne möchte ich die Hand heben, winken, doch ich rühre mich nicht. Plötzlich huscht ein Lächeln über seine Lippen. Da kann ich nicht anders. Ich lächle ebenfalls.
Heute Morgen noch hätte ich nicht gedacht, dass ich es schaffen würde, jemand Fremden anzulächeln und nun kochen meine Wangen regelrecht. Er wendet sich den Kindern zu und ich gehe an die Arbeit. Meine Muse wurde heute richtiggehend geknutscht und ich spüre einen Funken gute Laune in mir. Es ist ein seltsames Gefühl, ein unbekanntes und irgendwie prickelndes Gefühl. Es macht mich high.
Am Abend setze ich mich aufs Sofa und nehme mir einen Block. Was soll ich ihm schreiben? Soll ich ehrlich sein? Ihm sagen, dass jedes Wort seiner Geschichte der Wahrheit entspricht? Ich zögere sehr lange, dann nehme ich meinen Füller.

Seit so vielen Jahren gehe ich den steinigen Weg. Er ist neblig und verdammt dunkel. Ich habe Angst. Jeden Tag habe ich Angst, ihn zu gehen. Mein Tag ist straff strukturiert, eigentlich passiert jeden Tag das Gleiche, doch genau deswegen habe ich Angst. Was, wenn sich doch mal was ändert? Wenn etwas Unvorhergesehenes passiert, was ich so nicht kenne? So wie heute. Der Moment am Fenster hat mich zu Tode geängstigt, bis du gelächelt hast. Das waren Gefühle, die mir nicht bekannt waren. Und plötzlich, nach all den Jahren der Dunkelheit und des Nebels, schiebt sich ein Lichtstrahl durch die Wolkendecke. Es macht den bekannten dunklen Weg zwar heller, aber das bedeutet nicht, dass ich weniger Angst habe, ihn zu gehen. Licht war da noch nie. Was, wenn dieses Licht keine wärmende Quelle ist, sondern nur ein weiterer Strahl, der mich in eine Falle locken will? Verstehst du, was ich meine? Ich habe Angst.

Deine Geschichte ist mein Leben. Als hättest du es gewusst, als wärst du damals schon als stiller Zuschauer dabei gewesen. Das macht mir nicht weniger Angst. Einzig meinen Papa hast du nicht erwähnt. Den Mann, der mich liebt und den zwanghaften Wunsch verspürt, mich unbedingt heilen zu wollen. Er versteht mich nicht, weil er die Wahrheit nicht kennt. Und selbst wenn, würde er nicht von dem Gedanken abweichen, mir unbedingt helfen zu müssen. Er erträgt mein Leben nicht. Es gab eine Zeit, in der ich dachte, ich kann raus, allein nur, um meinen Vater glücklich zu machen. Am Ende hat es mir nur unendlich geschadet. Er geht kaputt wegen mir und das macht mich zusätzlich fertig. Das sollte es nicht, ich weiß, aber ich weiß auch nicht, wie ich ihm klarmachen soll, dass ich einfach ich bin. Danke für den kleinen Lichtstrahl heute.

Zoe

Mama kommt heute früher. Sie möchte Daniel sehen und bringt Mittagessen mit. Während ich auf sie warte, spiele ich mit meinem Bleistift. Gedanken kreisen. Ich nehme mein Heft, schreibe weiter. Er hat mir eine Geschichte geschenkt. Ich überlege, ihm ein Gedicht zurückzugeben. Allerdings fällt mir so was nicht im normalen Alltag einfach so ein. Sie kommen meist in der Nacht. Ich hebe den Kopf und lächle,

denn er lacht mit zwei kleinen Mädchen. Es ist ein sehr seltenes Bild. Habe ich ihn schon mal so lachen sehen? Einmal. Er hat zugesehen, wie sich die Kinder mit Matsch beworfen haben. Plötzlich traf ihn eine Handvoll Matsch am Hinterkopf. Er war sehr erschrocken. Doch was immer das kleine Mädchen mit erhobenen Händen zu ihm gesagt hat, er hat laut aufgelacht. Heute ist es mehr ein fröhliches Kichern. Ein wunderbares, beruhigendes Bild.
Mama kommt und betrachtet ihn neugierig. Sie sagt, dass es ihr gefalle, dass er kein Schönling sei. Das ist er in der Tat nicht. Daniel ist besser. Er ist durch und durch menschlich. Nichts an ihm wirkt gespielt. Er ist so, wie er ist. Schlicht, in sich gekehrt und ruhig.
Ich gebe Mama den Brief und bitte sie, ihn genau unter meinem Fenster an den Zaun zu lehnen. Er wird ihn finden. Und das tut er. Daniel nimmt den Umschlag mit seinem Namen in die Hand. Das winzige Lächeln sehen wir beide und kurz begegnen sich unsere Blicke, bevor ich mich zurückziehe.
Erst als Mama weg und bei ihm Feierabend ist, komme ich richtig zur Ruhe. Irgendwie ist meine Mutter heute zu aufgedreht gewesen, hatte sie doch den potenziellen Schwiegersohn gesehen.
Ihre Unruhe hat mich richtiggehend belastet, so dass ich sie bat, zu gehen. Nun bin ich mit mir und meinen Gedanken wieder allein. Und wieder betrachte ich den Bleistift, der auf meinem Blatt Papier liegt. Ich schließe die Augen und sehe ihn – Daniel. Mitten auf dem dunklen Pfad.

Deine Worte hallen in meinen Ohren, als würdest du sie hineinflüstern.
Sie berühren meine Seele, greifen nach meinem Herzen, zerren daran.
Ich kriege das Gefühl nicht zu fassen.
Zerrinnt in meinen Händen wie Sand.
Durchfließt mich wie heiße Lava.
Wie machst du das?
Flüsterst in meine Seele: Kämpfe! Lebe! Genieße! Liebe! Jede Minute! Jeden Tag!
Ich fühle mich hilflos und ratlos.
Zu neu alles – zu unbekannt alles.
Plötzlich greift eine Hand in meine: «Zusammen!"
Das Licht wird heller, weicher.
Jede Minute, jeden Tag.
Nicht allein – Freunde.

Ich schreibe es sauber ab und stecke es in einen Umschlag. Niemand sonst wird es je zu lesen bekommen. Es gehört allein Daniel. Ich kann kaum schlafen, möchte ihm den Umschlag geben und nicht bis Samstag warten. Er würde ihn erst Montag bekommen. Jetzt ist Mittwoch. Zu lange. Die ganze Nacht lässt mich der Gedanke nicht los.
Lebe!
Kann ich das? Kann ich den kleinen und doch so gewaltig großen Schritt machen? Ich stehe um fünf auf. Zwei Stunden früher als sonst. Die Sonne geht gerade auf und schickt erste schwache Sonnenstrahlen über das Kitagelände. Kurz habe ich auch die Idee gehabt, den Umschlag aus dem Fenster segeln zu lassen, während er Pause macht, doch das erscheint mir falsch und feige. Feige … kann ich überhaupt mutig sein? Ich ziehe mich an und betrachte meine Turnschuhe, die ordentlich im Flur stehen. Seit mehr als einem Jahr.
Lebe!

Wie soll ich anfangen zu leben, wenn ich nicht rausgehe? Daniel schafft es schließlich auch. Er geht sogar arbeiten. Es ist halb sechs am Morgen. Ich würde mich anziehen, den Umschlag nehmen. Dann müsste ich die Wohnungstür öffnen. Das tue ich regelmäßig. Ich stelle meinen Müll raus, den Sandra mitnimmt. Ich höre sie nie und wenn ich um halb acht meinen Eimer reinhole, ist er bereits leer. Heute würde ich meinen Schlüssel nehmen. Ich trage einen weiten Hoodie mit Kapuze. Die habe ich bereits auf. Ich würde die Treppe runtergehen. Der Gedanke, dass die Wohnungstür hinter mir zugehen würde, macht mir extreme Bauchschmerzen. Aber ich will es schaffen. Ich will das Haus verlassen. Ich möchte so gern den Asphalt unter meinen Füßen spüren. Ob sich die Sonne da draußen anders anfühlt als auf meinem Balkon? Plötzlich habe ich einen Gedanken. Ich schaue zu der kleinen Pflanze, die Mama mir mitgebracht hat. Es ist ein Ableger einer ihrer Pflanzen. Ich nehme sie in die Hand und lächle.
Lebe!
Das gilt nicht nur für mich, dass gilt auch für Daniel. Für alle Menschen, die Opfer von langjährigem Mobbing sind. Wir müssen leben. Es nicht zu tun, gibt denen, die uns das angetan haben, noch immer Macht über uns. Natürlich kommt mir diese Erkenntnis nicht erst heute. Aber bisher gab es keinen Grund, die Turnschuhe anzuziehen. Habe ich ihn jetzt? Die Zeiger schreiten unaufhaltsam voran. Es ist bereits nach sechs. Und ich sitze noch auf dem Sofa und rühre mich nicht. Dabei habe ich in Gedanken schon alles erledigt. Ich habe mich angezogen, Brief und Blume geschnappt und sie vor der Tür der Kita abgestellt. Doch das Losgehen … das passiert nicht. Mein Kopf brüllt mich an: Geh! Steh auf und gehe los! Jetzt! Jetzt aber wirklich! Geh! Doch meine Füße bewegen sich nicht. Als hätte sie jemand am Boden festgeklebt. Nichts passiert. Ich versuche, sie zu lösen, weine und

verzweifle stumm über meine eigene Feigheit. Warum kann ich nicht mutig sein?
Tränen laufen mir über die Wangen und so sitze ich bis weit in den Vormittag hinein auf meinem Sofa. Der Gedanke, dass Daniel da draußen ist, vielleicht zu meinem Fenster schaut, wo die Jalousien unten sind und er sich wundert, frisst mich auf. Ich rolle mich auf meinem Sofa zusammen und bleibe so, bis die Zeiger meiner stillen Wanduhr achtzehn Uhr zeigen. Langsam stehe ich auf, koche mir eine Tasse Tee, nehme mir einen Joghurt und eine Flasche Wasser und setze mich an meinen Laptop. Eigentlich sollte ich eine andere Geschichte schreiben und doch öffne ich eine alte Geschichte, die ich nie habe beenden können. Zu sehr hat sie mir immer zugesetzt. Ich tippe und tippe. Wenn meine Tasse leer ist, koche ich neuen Tee. Ich verputze ein halbes Kilo Weintrauben und bekomme erst so richtig mit, was passiert, als der Mond weicht und den ersten Sonnenstrahlen Platz macht. Ich blinzle gegen das Licht, als ich die Jalousie öffne. So etwas ist mir noch nie passiert. Ich bin richtig verbissen gewesen und auch jetzt spüre ich noch nicht wirklich die Müdigkeit. Immer noch tobt ein heftiger Schreibzwang in mir. Schnell mache ich mir einen neuen Tee und setze mich zurück an meinen Platz. Ich spüre richtig das Leben in mir. Erstaunt schaue ich auf die Zahl am linken unteren Bildschirmrand: 11.560 Wörter.
Es ist unglaublich. Das ist mir auch noch nie passiert. Doch noch bin ich nicht fertig. Ich öffne weit das Fenster, setze mich wieder auf meinen Platz und lege die Finger auf die Tastatur. Es fließt einfach. Die Wörter formulieren sich beinahe von allein, während meine Finger über die Tastatur fliegen. Entfernt höre ich die Stimmen der Kinder. Neugierig sehe ich auf. Sie schmücken den Garten mit selbst gebastelten Girlanden. In den Bäumen hängen Laternen. An der Gebäudewand hängt ein großes Laken: »Sommerfest 2019«

Ich blinzele. Vergessen sind das Buch und die eben noch so verlockende Tastatur. Sommerfest?
Dann steht ja bald die Sommerschließzeit bevor. Drei lange Wochen ohne Daniel?
Mein Herz rast schmerzhaft los. Es ist Donnerstag und dann kommt der Freitag. Wild in meinem Kalender blätternd stelle ich fest, dass heute die Sommerferien in Berlin anfangen.
Ich stehe mit der Kapuze auf dem Kopf am Fenster und lasse die Tränen einfach laufen.
Daniel steht am Zaun und bastelt mit Strippe die Laternen am Strauch fest, dann hebt er den Kopf. Unsere Blicke treffen sich. Fast sofort schleicht sich ein Lächeln auf seine Lippen. Ich wische mir peinlich berührt über die Wangen und schenke ihm ein Lächeln zurück. Und bevor er sich umdreht, um zu gehen, hebt er die Hand zum Gruß. Mir bleibt das Herz stehen. Nur zaghaft hebe ich meine Hand, doch was dann kommt, bringt mich zum Lachen. Der kleine Junge, der oft seine Nähe sucht, steht so plötzlich hinter ihm, dass er beinahe über ihn stolpert. Er hält sich gerade so noch auf den Beinen. Der Junge zupft an Daniels Shirt, spricht mit ihm und deutet mit ausgestrecktem Finger auf mich. Kurz will ich einfach abtauchen, doch ich bleibe stehen. Daniel schaut zu mir, während er spricht und plötzlich winken sie beide zu mir hinauf. Ich lächele mit Tränen in den Augen und winke zurück. Solch einen Moment habe ich noch nie erlebt.
Langsam sinke ich auf meinen Sessel und seufze leise. Und doch wurmt mich der Gedanke, ihn vielleicht drei Wochen nicht zu sehen.
Aus dem Schreibflow bin ich raus, mein Tee ist kalt und ich werde müde. So schön der Moment auch gewesen ist, das Glücksgefühl ist vorbei. Mit meinem Pullover lege ich mich

auf das Sofa und schließe die Augen. Gerade will ich nur schlafen.

Am späten Nachmittag werde ich durch meine Türklingel geweckt. Das Geräusch geht mir durch Mark und Bein. Bei mir klingelt es nie. Selbst Postboten und Paketlieferanten wollen niemals etwas von mir. Schnell schaue ich aus dem Fenster. Das Kitafest geht dem Ende zu, Daniel tritt gerade aus dem Haus und ich schaue zu meiner Wohnungstür. Langsam stehe ich auf, gehe auf sie zu und fummele nervös an meinen Pullibändern. Vor der Tür steht niemand. Den Summer werde ich definitiv nicht bestätigen. Nur einen winzigen Spalt öffne ich die Tür und hebe überrascht die Augenbrauen.
Auf meiner Fußmatte steht ein kleiner Topf mit lila Blumen, daneben ein Umschlag mit «Zoe" drauf. Unsicher warte ich, dann hole ich beides schnell rein und schließe die Tür. Die Blumen sind klein und sehr zart. Ich kenne sie nicht und muss sie googeln.
Es ist ein Töpfchen voller »Vergissmeinnicht« und der Brief trägt Daniels Handschrift. Mit den Blumen trete ich ans Fenster. Er soll wissen, dass ich sie gefunden habe. Es dauert etwa fünfzehn Minuten, bis er mich entdeckt und mir zunickt. Dann setze ich mich und öffne seinen Brief.

Liebe Zoe,
heute mal ganz klassisch mit Anrede? Sieht gleich mehr wie ein Brief aus. In den letzten Wochen ist mir unsere Art der Kommunikation sehr wichtig geworden und ich freue mich immer sehr, wenn meine Chefin mir erneut einen Umschlag gibt. Leider beginnt am Montag unsere dreiwöchige Schließzeit. Morgen machen wir einen Badeausflug. Da ich von Ausflügen befreit bin, werde ich den Garten aufräumen, den Schuppen ausmisten und alles für den Urlaub vorbereiten. Ich gehe nicht davon aus, dass du mir dabei Gesellschaft leisten möchtest, aber vielleicht sehen

wir uns kurz am Fenster. Ich mag es, dich dort stehen und lächeln zu sehen. Dann weiß ich, es geht dir gut.
Ich habe hier eine Kollegin, die mich – warum auch immer – sehr gern hat, wie sie oft betont. Sie hat, so wie alle, natürlich mitbekommen, dass wir uns schreiben. Diesen drei Frauen hier bleibt nichts verborgen. Also erzählte ich ihr ein wenig von dir. Sie lächelte die ganze Zeit dabei und sagte, dass wir ein süßes Pärchen wären.
Da ging mir ein Licht auf und das ist erstaunlich, denn für gewöhnlich merke ich alles um mich herum schneller als der Rest.
Zoe, ich hab dich, zumindest das, was ich von dir kenne, sehr gern und ich bin sicher, dass wir uns auf einer uns sicheren und vertrauten Ebene sehr ähnlich sind und so auch gut verstehen, aber ich bin schwul. Auch wenn ich vermutlich niemals einen Mann ansprechen könnte, da ich mit fremden Menschen noch weniger reden kann als mit bekannten, so ist es leider Fakt, dass ich auf Jungs stehe.
Aber vielleicht ist es für uns auch nicht relevant, denn ich habe keinen Schimmer, wie ich einem anderen Menschen sexuell je nahe sein soll. Andere sagen immer, ich sei depressiv und verkorkst. Ich sage: Das bin ich und so ist mein Leben. Und du bist ein Teil davon.
Ich bete inständig, dass ich dir nicht zu nahe getreten bin. Ich gebe dir meine Adresse und hoffe, ich muss jetzt nicht drei Wochen auf einen Brief von dir warten. Schreib mir bitte und deine Mutter schickt ihn mir mit der Post. Aber ich wohne nur ein paar Straßen weiter.
Solange es nicht regnet, werde ich jeden Tag nahe der Fähre am Wasser sitzen. Dort gibt es eine Bank. Sie ist meine Muse. Vielleicht schaffst du einen Spaziergang mit deiner Familie und vielleicht schaffe ich es dann zu sagen: »Hi, ich bin Daniel.« Sei mutig, Zoe. Du schaffst das.
Lebe!
Daniel

Ich weine und habe nun noch mehr den Wunsch, Daniel mein Gedicht zu geben. Am Abend, als ich mich etwas gefasst habe, lese ich seinen Brief noch einmal. Er ist schwul. Irgendwie warte ich seitdem darauf, dass es mich bestürzt.

Stattdessen tut es mir sehr leid für ihn, da er zu unserer Bürde, die wir mit uns tragen auch noch die hat, homosexuell zu sein. Aber er hat vermutlich Recht, wenn er sagt, dass es keine Rolle spielt. Selbst wenn er das Gleiche empfinden würde, wäre ich nicht in seinem Arm und würde ihn küssen. Ich lache leise, weil der Gedanke total absurd ist. Aber ich danke ihm für seine Ehrlichkeit und komme nicht umhin, ihn etwas mehr anzuhimmeln. Ob er sich bewusst darüber ist, was für ein wertvoller Mensch er ist? Nein, ich denke nicht, bin ich mir auch nicht. Unser Selbstwertgefühl wurde niedergetrampelt und in den Müll geworfen. Uns zeichnen andere Qualitäten aus, nur sicher werden wir niemals feststellen, wie toll wir sind. Wieder schaue ich zu meinen Schuhen. Es kann doch nicht so schwer sein, sie anzuziehen. Wann ich das letzte Mal Schuhe angehabt habe, weiß ich gar nicht. Zu Hause laufe ich barfuß oder in Socken. Ich stehe auf und nehme den kleinen Blumentopf. Dass er am Ende die gleiche Idee gehabt hat wie ich, finde ich unglaublich. Nur ist seine Pflanze viel süßer als mein kleiner Ableger. Andererseits, seiner bleibt so klein. Der Ableger wird wachsen. Hoffentlich mit seiner Hilfe. Nur wie kriege ich ihn zu Daniel? Das ist die große Frage.
Ich stecke seinen Brief in die Mappe zu den anderen und gebe dem Vergissmeinnicht etwas Wasser. Dann findet es seinen Platz auf meinem Schreibtisch. Dafür muss der Stiftebecher ins Regal umziehen.
Kurz stehe ich ratlos in meinem Wohnzimmer, dann beschließe ich, das Buch von letzter Nacht zu beenden. Es ist mir wichtig, also koche ich Tee, diesmal gleich eine ganze Kanne, mache mir einen Teller mit Weintrauben, Käse und Schokolade und setze mich an den Laptop. Und schon wie in der Nacht zuvor fließt der Text einfach aus meinen Fingern. Noch nie habe ich so gut abschalten können. Und als die Sonne aufgeht, habe ich das Buch beendet. Ich kann es

kaum glauben. Fassungslos starre ich auf den Cursor, der stetig blinkt. Habe ich alles gesagt, was mir auf dem Herzen gelegen hat? Langsam scrolle ich nach oben, speichere die Datei auf meine externe Festplatte und schreibe den Titel auf die erste Seite: *Was ihr aus mir gemacht habt.*
Es ist noch nicht das Wahre, beschreibt das Werk aber ziemlich gut. Es ist meine Geschichte. Mein Leben, nur mit anderen Namen. Ich habe nicht von den einzelnen Taten geschrieben. Eher geht es darum, wie ich mich gefühlt habe. Was hat es am Ende aus mir gemacht? Es ist kein dicker Wälzer, so wie meine Romane. Es sind am Ende 186 Seiten. Manch Autor würde es eine Broschüre nennen. Ob es für einen Fremden ersichtlich ist, dass es sich um mein Leben handelt, kann ich nicht sagen, aber das ist mir auch egal. Ich will meine Geschichte auf die Welt loslassen, damit die Menschheit versteht, was Mobbing am Ende auslöst. Vielleicht bekomme ich Daniel dazu, auch seine eigene Geschichte aufzuschreiben.
Um halb neun stehe ich auf und gehe duschen.
Immer wieder kreisen meine Gedanken um meine Schuhe. Vielleicht sollte ich sie einfach so anziehen. Um meine Füße daran zu gewöhnen. Stück für Stück. Doch zuerst muss Daniel das Gedicht bekommen. Schnell trockne ich mich ab, ziehe mich an und trete ans Fenster. Zu sehen ist er noch nicht. Neben mir liegt der Umschlag, also warte ich. Beim Anblick des leeren Gartens werde ich traurig.
Drei Wochen soll ich jetzt warten? Ich finde die Wochenenden manchmal schon zu lang. Mit einem Teddy in der Hand sitze ich auf dem Sessel und schaue einfach nur hinaus. Müdigkeit zeigt sich, doch ich muss wach bleiben. Ich muss doch Daniel den Brief geben. Immer wieder gähne ich, stehe auf, um nicht einzuschlafen. Wo bleibt er denn? Als es auf zehn Uhr zugeht und er noch immer nicht da ist, laufen mir die Tränen über die Wangen. Verdammt, mit so was kann

ich nicht umgehen. Ich habe etwas geplant und es funktioniert nicht. Dass das Leben nicht immer planbar ist, will mein Gehirn einfach nicht verstehen.
Unruhig tigere ich durch die Wohnung und fange an zu putzen. Meine Zimmer sind immer sehr sauber, einen Putzwahn braucht es eigentlich nicht. Und doch muss ich mich beschäftigen. Ich will nicht einschlafen. Ich bekomme Panik, ihn zu verpassen. Wo bleibt er nur?
Als es auf den Mittag zugeht, bin ich mit meinen Nerven am Ende. Ich habe mich gerade heftig weinend auf meinem Sessel zusammengerollt, als die Tür zum Haus aufgeht. Ich springe auf und ungewollt rutscht mir ein lautes: «Daniel!" heraus.
Er schaut hoch und ich starre ihn erschrocken an. Mit hochrotem Kopf will ich mich zurückziehen. Ich muss ja schrecklich aussehen. Völlig verheult und zitternd. Er kommt mit fragender Miene etwas näher und lächelt, als ich hilflos die Schultern zuckend den Umschlag hebe.
Er versteht. Kurz überlegt er, sieht sich um und beißt sich auf die Lippe. Mit Fremden reden fällt ihm genauso schwer wie mir. Er reibt seine Hände an der Hose. Daniel ist sichtlich nervös. Es tut mir so unendlich leid, dass ich wieder weine. Das sieht er und lächelt sanft.
»Warte!« Nur ein Wort, doch es ist ihm sehr schwergefallen. Schnell läuft er über die Wiese, ins Haus und taucht kurz darauf am Zaun unter meinem Balkon auf. Auffordernd nickend hebt er die Hände und ich lasse den Umschlag fallen. Als er ihn hat, schließe ich erleichtert die Augen. Lächelnd sehe ich ihn an, nehme all meinen Mut zusammen und beuge mich etwas aus dem Fenster. »Hab einen schönen Urlaub!«
Er lächelt. »Du weißt, wo du mich findest.«
Nickend hebe ich die Hand und ziehe mich zurück. All das hat mich so verdammt viel Kraft gekostet, dass ich auf dem Sofa liegend in einen tiefen Schlaf falle.

Geweckt werde ich am Samstag von meinen Eltern.
Mama fragt mich sofort, was los sei. Warum schlafe ich um halb elf noch? Ich sehe sie nur verwirrt an. Sie sind viel zu früh und warum ist Papa auch da? Da fällt es mir wieder ein. Ihr Urlaub beginnt am Nachmittag. Sie fahren eine Woche weg. Der Einkauf fällt etwas größer aus. Als Papa den Müll rausbringt, erzähle ich Mama von Daniels Brief. Sie ist enttäuscht. Doch dass ich mit ihm gesprochen habe, freut sie maßlos. Ich muss ihr versprechen, dass ich meine Schuhe diese Woche einmal anziehen werde.
Sie will mit mir zur Bank gehen und das werden wir üben. Zum Schluss fällt mir ein, dass Daniel nun doch eine Woche warten muss. Mama kramt in ihrer Handtasche und gibt mir Briefmarken. Der Briefkasten ist nicht weit. Sie wird es mit Sandra klären und ihr auch den Briefkastenschlüssel geben.
Damit kann ich erstmal leben, so dass ich am Sonntag erst das Manuskript fertig mache und es an meine Verlegerin schicke. Dann setze ich mich mit Kakao aufs Sofa und schreibe den Brief an Daniel.

Lieber Daniel,
du hast Recht, so sieht der Brief gleich aus wie ein Brief. Dich jetzt drei Wochen nicht zu sehen, gefällt mir gar nicht. Was da am Freitag passiert ist … mein Gott, was musst du gedacht haben!
In mir hatte sich eine solche Unruhe ausgebreitet, dich zu verpassen, weil ich einschlafen würde. Es tut mir sehr leid. Doch am Ende habe ich deine Stimme gehört. Es hat sich also irgendwie gelohnt.
Daniel, ich danke dir sehr für deine Ehrlichkeit. Und da du es warst, möchte ich es auch sein. Für eine kleine Weile dachte ich, ich wäre ein wenig verknallt. Zumindest in das, was ich von dir kenne. Und vielleicht bin ich es noch immer ein bisschen. So etwas vergeht ja nicht von heute auf morgen. Aber am Ende ist es egal, es spielt keine Rolle. Wir sind beide nicht in der Lage, eine sexuelle Beziehung zu führen. Wir

brechen ja schon bei einem simplen Handgruß fast zusammen. Und trotzdem gibst du mir gerade so unendlich viel. Du bist der Grund, vielleicht doch endlich Schuhe anzuziehen. Das haben nicht mal meine Eltern geschafft.
Dafür danke ich dir.
Bitte sei nicht enttäuscht, wenn ich es nicht zur Bank schaffe, aber ich werde alles versuchen, was ich kann. Das verspreche ich dir.
Darf ich fragen, wozu deine Muse dich auf deiner Bank inspiriert? Was schreibst du?
Liebe Grüße, Zoe

Ich stecke den Brief in den Umschlag und adressiere ihn mit Daniels Daten. Briefmarke drauf, dann schiebe ich den Brief unter meine Matte, so wie Mama es mir gesagt hat. Sandra wird ihn dort finden. Den Rest des Tages verbringe ich damit, meine Schuhe anzustarren. Ich sitze mit dem großen Teddy im Arm auf dem Teppich und schaue in den Flur, wo die Sportschuhe stehen und mich regelrecht anbrüllen. Warum habe ich keine helfende Hand, die mich führt?
Ich sitze dort geschlagene drei Stunden, bis es Zeit ist, zu essen. Ich muss zu meinem Schlafrhythmus zurückfinden. Doch am Montagmorgen nehme ich wieder Position ein. Ich will es schaffen. Immer näher rutsche ich innerhalb von zwei Stunden. Und obwohl ich genau weiß, dass ich hier und jetzt nirgendwo hingehen werde, kann ich mich dennoch nicht überwinden. Liegt doch die Intention genau darin, irgendwann diese Wohnung zu verlassen. Allein dieses Wissen hindert mich daran, die Schuhe anzuziehen. Aber ich nehme den rechten langsam in die Hand. Sie sind dunkelblau mit hellrosa Streifen. Nike, mit Air System. So selten, wie ich sie getragen habe, sehen sie aus wie neu. Ich nehme den zweiten dazu und stelle sie links und rechts neben meine Füße. Es tut nicht weh. Sie stehen einfach da, nichts passiert. Es ist ein unglaublich ungewohntes Bild. Es will nicht so recht in

meinen Kopf. Nachdenklich beiße ich mir immer wieder auf die Lippe. Meine Gedanken gleiten zu Daniel. Was er jetzt auf der Bank wohl tut?
Warum ist er dort jeden Tag? Langsam ziehe ich die dicken Socken aus, die ich am Morgen übergezogen habe. Ich habe oft kalte Füße, auch wenn draußen dreißig Grad sind. Warum kann ich mich einfach nicht überwinden? So schwer ist Schuhe anziehen doch nicht. Ich verbiete mir die Tränen, seufze nur immer wieder und werfe die Schuhe irgendwann verzweifelt gegen die Wand. Verdammt, am Ende würde ich Daniel enttäuschen. Er sitzt auf seiner Bank und wartet auf mich und ich hocke hier und bin nicht in der Lage, mir ein paar blöde Schuhe anzuziehen. Scheiße! Ich werfe auch den Teddy in den Flur, ich kann mich kaum halten, als noch zwei Sofakissen hinterherfliegen. Ich bin wütend. So wütend auf mich selbst, dass mir nun doch die Tränen in die Augen schießen. Ich bin kurz davor, laut zu brüllen, doch stattdessen hole ich meine Schuhe, schimpfe aus Leibeskräften auf mich selbst und steige hinein. Mit zitternden Händen binde ich sie zu und knurre ein wütendes «Geht doch!" Dann schaue ich erstaunt auf meine Füße. Es fühlt sich seltsam fremd und eng an. Als hätte ich Beton an den Füßen. Bewegungslos sitze ich da, starre nur auf meine Füße und mache mit dem Handy ein Foto, welches ich meinen Eltern schicke.
Ich bin gerade fassungslos und stolz auf mich und im gleichen Moment auch enttäuscht, weil ich nun einfach losgehen könnte und es nicht auf die Reihe bekomme. Es war doch gar nicht so schwer und da draußen wartet sicher niemand, um mich fertigzumachen. Aber das habe ich damals auch gedacht. Und doch haben sie es täglich geschafft. Vielleicht erwarte ich gerade auch zuviel von mir. Schnell stehe ich auf und nehme meinen Block.

Hi Daniel,
Ich dachte, ich lasse dich an dem Versuch, die Wohnung zu verlassen, teilhaben.

Montag
Die Schuhe sind zumindest schon an meinen Füßen. Fühlt sich seltsam an und der Drang, sie auszuziehen, ist enorm. Aber ich will es noch hinauszögern. Ich darf nicht so schnell aufgeben.
Bis zum frühen Nachmittag halte ich es durch, dann muss ich sie ausziehen. Es engt mich extrem ein und für einen Moment überlege ich, warum ich nicht barfuß gehen kann. Die Antwort gebe ich mir selbst. Wenn ich keine Schuhe anziehe, kann ich bei Gefahr nicht weglaufen. Gefahr. Ein sehr präsentes Wort in meinem Kopf.

Dienstag
Ich habe heute nur zwei Stunden gebraucht, um sie anzuziehen. Es fühlt sich unwirklich an, falsch, als wäre da etwas, was nicht zu mir gehört. Es macht mir Angst. Doch ich habe Mama ein Bild geschickt von den Schuhen an meinen Füßen. Die Freude war enorm. Dann kann es nicht falsch sein, oder?

Ich lächle still vor mich hin, während ich am Abend die Briefe von Daniel lese. Sie bei mir zu wissen, macht mich glücklich.
Ich denke oft an ihn. Und ich denke oft über meine Gefühle für ihn nach. Mir fehlen dieses typische Bauchkribbeln, die feuchten Hände oder das rasende Herz. Stattdessen spüre ich eine unglaubliche Wärme, wenn ich an ihn denke. Als würde der Gedanke an Daniel mich in eine kuschelige Decke hüllen. Obwohl wir nur wenige Worte gewechselt haben und ich ihn nur aus seinen Briefen kenne, spüre ich eine tiefe Zuneigung. Als hielte er schützend seine Hand über meinen

Kopf. Könnte Daniel so etwas wie mein bester Freund werden?

Mittwoch
Sechs Stunden Schuhe und es ist etwas Irres passiert. Gerade als ich sie ausziehen wollte, klopfte es an meiner Tür. Ich habe mich wahnsinnig erschrocken und sie aus Reflex aufgerissen. Mein Herz hat bis zum Mond gehämmert. Und ich dachte kurz, wie leichtsinnig ich doch gewesen bin. Zum Glück war es nur Sandra, die mir deinen Brief gebracht hat. Obwohl sie mir schon so lange hilft, haben wir uns heute das erste Mal gesehen. Ihre Tochter geht in deinen Kindergarten. Ich habe sie schon bei dir gesehen. Sie hat dir den Matsch an den Kopf geworfen. Die Welt ist ein Dorf.

Ich lege mein kleines Protokoll beiseite und nehme seinen Brief. Er ist nicht frankiert und es steht auch nur mein Name drauf. Er ist hier gewesen. Schnell öffne ich den Brief und falte das Blatt auseinander.

Liebe Zoe,
Ich habe immer gedacht, dass mich nichts wirklich berühren kann. Habe ich überhaupt Emotionen? Eine oft gestellte und bisher unbeantwortete Frage. Aber ich war wirklich gerührt, bis hin zu Tränen in den Augen. Und ich habe lange nicht geweint. Nicht mal, als meine Mutter starb. Da war ich eher stinksauer, weil ihre verkeimte Wohnung an mir hängen blieb. Dein Gedicht hat mich so sehr berührt, dass ich es in einem Rahmen an die Wand gehängt habe.
Wenn ich das hier so lese: Bitte bedauere mich nicht für meine Mutter. Wir hatten keinerlei Beziehung, so dass ihr Tod mich nicht belastet hat. Nur die viele Arbeit danach. Einen Vater habe ich nicht oder Großeltern. Ich habe mich und das reicht vollkommen aus. Naja, und nun auch dich.
Wir sind Freunde. Und das ist ein Wahnsinnsgedanke, weil ich noch nie einen Freund hatte. Es ist schön, macht aber auch gleichermaßen

Angst. Wir sind gebrannte Kinder. Aber vielleicht sollten wir einmal im Leben positiv denken, beten, dass alles irgendwie gut werden wird und wir vielleicht doch eine Person gefunden haben, auf die wir uns verlassen können. Wäre in meinem Leben tatsächlich das erste Mal.
So, Freundin, nun zum Thema Schuhe. Hast du sie an? Ich bin neugierig. Und um dir ein wenig Motivation zu geben, sage ich dir erst, was ich auf der Bank mache, wenn du hier bist.
Bis dahin pass gut auf dich auf.
Liebe Grüße
Daniel

Ich muss leise lachen. Jetzt hat er mich in der Hand. Nachdenklich schaue ich mich um, dann drucke ich meine Geschichte aus und hefte sie in einen Papphefter. Mama muss ihm den bringen, dafür habe ich keine Umschläge. Aber ich schreibe eine Notiz dazu.

Hey Freund,
Das ist meine Geschichte. Wenn du wissen möchtest, warum ich so bin, wie ich bin, findest du hier die Antwort. Ich habe sie an meine Verlegerin geschickt. Meiner Meinung nach sollten die Menschen mehr über Mobbing und seine Folgen aufgeklärt werden.
Und vielleicht hast du Lust und die Kraft, deine Geschichte ebenfalls aufzuschreiben, um das Buch komplett zu machen!
Zoe

Ich hefte das Blatt obendrauf und lege das Ganze beiseite. Das Ausdrucken hat lange gedauert.
Die zwei Nächte haben mich tatsächlich sehr aus meinem Rhythmus gerissen. Die Müdigkeit überkommt mich, so dass ich mich ins Bett kuscheln werde.

Donnerstag

Ich habe die Schuhe gleich vor dem Frühstück angezogen, nach dem Mittagessen eine halbe Stunde im Treppenhaus gestanden, doch hinuntergehen konnte ich nicht. Es fühlte sich an, als wäre ich an die Tür gekettet. Sandra hat mich gesehen und wir saßen ein paar Minuten schweigend auf der Treppe nebeneinander. Als sie ging, sagte sie, dass sie mich morgen mitnimmt zum Post holen. Ich denke nicht, dass ich das kann. Aber ihre Tochter ist bei Oma und sie hat viel Zeit. Wir werden sehen.

Freitag
Der Tag war lang und so verdammt anstrengend. Dabei ist es erst sechzehn Uhr. Trotzdem werde ich gleich schlafen gehen. Ich hab um neun meine Wohnung verlassen, den Schlüssel mitgenommen und meine Tür geschlossen. Das habe ich noch nie getan. Es hat mir ein Stück Sicherheit genommen. Allerdings hatte ich meinen Teddy dabei. Er ist etwa so groß wie ein neugeborenes Kind und sehr flauschig. Er hat vieles mit mir durchgestanden. Sandra war da und hat mich nur angelächelt. Geredet haben wir gar nicht. Aber meine Motivation, Mama morgen an der Haustür abzuholen, ist groß. Es hat zwei Stunden gedauert, die Sandra lesend neben mir verbracht hat. Sie wollte mich nicht allein lassen. Irgendwann bin ich einfach eine Treppenstufe tiefer gerutscht. Ich wohne im 1. Stock, wie du weißt. Das sind drei mal acht Stufen. Die lässt man normalerweise in ein paar Sekunden hinter sich, doch ich habe knapp vier Stunden gebraucht. Zwischendurch kamen Nachbarn, die mich nur verwirrt betrachtet haben. Klar, ich saß als erwachsene Frau auf der Treppe, mit einem Teddy im Arm an die Wand gepresst da. Ein seltsames Bild für jeden. Sandra hat in diesen Momenten vor mir gehockt und schweigend meine Hand gehalten.
Am Ende kam ich unten an und Sandra schaute in unsere Briefkästen. Dann legte sie die Hand auf die Klinke der Haustür. Ich presste Teddy fester an mich. Lange habe ich gezögert. Mein Fluchtinstinkt war voll ausgefahren. Aber ich wollte auch Sandra ein Erfolgserlebnis geben. Sie hat den halben Tag mit mir im Treppenhaus gesessen. Also nickte ich und sie stellte die Tür fest, damit sie nicht zugehen konnte.

Der Aufgang lag in der Sonne und sie hat sich draußen auf die Stufe gesetzt.
Wieder hat es gedauert, aber ich bin etwas stolz auf mich, denn am Ende habe ich draußen in ihrem Arm geweint. Ich war unendlich erschöpft.
Morgen muss ich es bis fünfzehn Uhr geschafft haben. Dann kommt Mama.

Samstag
Ich sitze im Treppenhaus, mein Heft bei mir. Ich rede sogar mit Sandra. Ich habe ihr von dir erzählt. Sie sagt, sie ist so stolz auf mich. Ob ich es geschafft habe, Mama draußen zu begrüßen, schreibe ich dir im nächsten Brief.
Bis bald
Zoe

Ich falte das Protokoll zusammen und stecke es in einen Umschlag. Mittlerweile sitze ich vor der Tür und warte auf Mama. Sandra hat Tee gekocht und erzählt ein wenig von Daniels Arbeit mit den Kindern. Ich bin sehr beeindruckt. Seine Arbeit mit vor allem schwierigen Kindern stößt bei Vielen auf Bewunderung. Es hat sogar schon Anfragen gegeben, sein Wissen weiterzugeben, doch das hat er abgelehnt. Verständlich. Ich höre ihr gebannt zu und zucke hart zusammen, als jemand vor uns schrill aufkreischt. Mama!
Ich bin völlig fertig und will gehen, doch Sandra nimmt meine Hand und beruhigt Mama.
Nach zehn Minuten kann ich mich in ihre Arme kuscheln. Sie weint. Damit hat sie nicht gerechnet. Alles, was sie erwartet hat, waren Turnschuhe an meinen Füßen. Sie will gleich mit mir zu Daniel, doch das lehne ich ab. Das kann ich nicht.

Später gebe ich ihr den Hefter und den Brief und bitte sie, beides zu ihm zu bringen und ihm – sollte sie ihn treffen – nicht zu sagen, wo sie mich heute gefunden hat.

Daniel hat seit gut zwei Wochen Urlaub und ich verbringe meinen Urlaub vor der Haustür. Tief in meinem Inneren hoffe ich immer, dass Daniel auftaucht und mich dort sieht, doch das passiert nicht. Seinen Brief muss er eingeworfen haben, als ich bereits wieder in meiner Wohnung war.
Ich lese ihn in Sandras Beisein in der Sonne.

Meine liebe Zoe,
ich bin wirklich stolz auf dich. Du hast einen so verdammt großen Schritt gemacht. Und ich bin neugierig. Hast du es geschafft? Jetzt haben wir beide ein Geheimnis, welches bald gelüftet werden kann. Dein Buch lese ich gerade. Es ist hart. Extrem hart. Und ich will ehrlich sein. Ob ich es schaffe, meine Geschichte aufzuschreiben, kann ich dir nicht sagen. Ich werde darüber nachdenken. Aber ich möchte genauso mutig sein wie du. Zusammen, Zoe!
Wie wäre es, wenn ich Dienstag früh um zehn Uhr einfach vor deiner Tür warte? Du kannst entscheiden, ob du mich sehen willst. Und dann gehen wir gemeinsam zur Bank. Wie klingt das?
Ich bin da. Falls du es nicht schaffst, kannst du dich ja kurz am Küchenfenster zeigen, dann weiß ich Bescheid. Zusammen, Zoe!
Freunde!
Liebe Grüße
Daniel

Das bringt mich wieder aus dem Konzept. Würde mich das womöglich unter Druck setzen? Könnte ich diese Erwartung erfüllen?
Hilflos erzähle ich Sandra davon, doch sie lächelt nur sanft.
»Du bist stark, Zoe! So wahnsinnig stark. Du kannst das und ich helfe dir.«

Sie sagt auch, dass es für mich besser sei, vor ihm da zu sein. Ich brauche noch immer lange, bis ich unten angekommen bin. Heißt ich müsste um acht los. In dieser Zeit durchqueren andere ganz Berlin. Ich weine vor lauter Ratlosigkeit, doch das Sandra mich weinen lässt, ohne darauf einzugehen, hilft mir. Ich will es schaffen.
Für Mama und Papa.
Für Sandra.
Für Daniel.
Für mich!
Ich ziehe also am Dienstag meine Schuhe an. Meine Unsicherheit verstecke ich hinter meinem Teddy und meinem Lieblingshoodie.
An der Tür wartet Sandra und streckt mir die Hand hin.
»Zusammen, Zoe! Erst mit mir, dann mit Daniel.«
Ich atme tief durch. Dreimal, dann gehen wir Stufe für Stufe die Treppe hinunter.
Vor der Tür setze ich mich in die Sonne und presse meinen Teddy fest an mich.
Und da sitze ich auch noch um zehn nach zehn. Meine Unruhe war überirdisch. Ich bin da und nun schafft er es womöglich nicht? All diese Aufregung umsonst?
Ich weiß nicht, wie ich mich fühlen soll. Ist Enttäuschung angebracht, wenn es für ihn ebenso eine Überwindung ist wie für mich?
Ja, er kann rausgehen, arbeiten und einkaufen und sich auf eine Bank setzen. Sein Problem ist die offene Kommunikation. Davor hat er eine Heidenangst. Zu mir zu kommen und nicht zu wissen, ob wir reden können, ob ich bleiben werde, all diese Unsicherheit bricht heute auf uns ein. Dieser müssen wir Herr werden und das ist das Schwerste in unserem Leben.
Zitternd, den Teddy fest an mich gepresst, schaue ich gar nicht mehr auf.

»Zoe?«
Sandras Stimme holt mich aus meiner kleinen Trauer, die mich gefangen hält.
»Er ist da.«
Ich schaue erst sie an, dann lasse ich meinen Blick schweifen. Daniel steht auf der anderen Straßenseite, die zum Wald führt und sieht mich an.
Sandras Hand legt sich auf meine Schulter und sie zieht meine Aufmerksamkeit zu sich. Und was sie dann sagt, speichert sich fest in mein Herz: »Meine kleine Luisa liebt Daniel sehr. Er ist ihr persönlicher Held. Du bist wie meine kleine Schwester. Ich bin immer für dich da, wann immer du mich brauchst. Daniel ist ein wahnsinnig lieber Kerl. Er würde dir niemals wehtun. Ich würde ihm, ohne zu zögern, Luisas Leben anvertrauen. Geh zu ihm. Du hast es dir mehr verdient als jeder andere.«
Mir laufen die Tränen über die Wangen, als ich sie umarme.
»Ich darf deine kleine Schwester sein?«
»Das bist du, Zoe. Und nun lauf. Geh zu ihm.«
Ich nicke, lächle sie noch einmal an, dann stehe ich mit dem Teddy in der Hand auf. Kurz überlege ich, dann setze ich das Stofftier auf Sandras Schoß und schaue zu Daniel, der mir auffordernd zunickt, also gehe ich langsam los. Kein Auto versperrt mir den Weg und so bleibe ich nur drei Schritte von ihm entfernt stehen.
Wir sagen nichts, sehen uns nur an, dann bedeutet er mir, ihm zu folgen. Der Weg ist nicht weit, es geht ein Stück durch den Wald. Ich sehe mich neugierig um, als hätte ich all das noch nie gesehen.
Nach einer Weile hocke ich mich an den Rand des Weges und lasse meine Hand über dichte, grüne Halme streifen. Einen reibe ich zwischen den Fingern und rieche daran. »Bärlauch«, sage ich leise.
Daniel schaut auf meine Hände. »Wie Knoblauch, oder?«

»Ja.«
Als wir am Wasser sind, setzt er sich auf eine verwitterte Bank. Kurz lasse ich ihn allein und trete ans Ufer der Spree. Ich habe das Gefühl, nach sechs langen Jahren Selbstisolation alles neu entdecken zu müssen. Aufgeregt sauge ich die warme Luft in meine Lungen. Ich will weinen und schreien, doch all das macht mich sprachlos.
Neben mir steht eine kleine Weide und ich lasse meine Finger durch das dichte Blattwerk gleiten. Ich muss die Natur einfach berühren. Die echte und reine Natur, nicht die eingetopfte.
Menschen sind kaum unterwegs. Die paar, die den Weg an Daniel vorbei entlanggehen, beachten mich nicht. Ich entdecke Gänseblümchen und Butterblumen und setze mich davor. Sie sind wunderschön. Spontan lasse ich mich auf den Rücken fallen und schaue hinauf in den mit Schäfchenwolken versetzten, blauen Himmel.
Ich rühre mich lange nicht, zu überwältigend ist dieser Moment.
Doch dann fällt mir mein Begleiter ein. Ich drehe den Kopf etwas, schaue zu Daniel, der still auf seiner Bank sitzt und einer älteren Dame nachsieht. Verwirrt folge ich seinem Blick, kann aber nichts Spannendes entdecken.
Ich setze mich ihm gegenüber auf die Wiese und mustere ihn neugierig. Ich kann seine Muse beim besten Willen hier nicht entdecken. Und obwohl er mich nicht ansieht, lächelte er ganz leicht. Irgendwie bin ich mir sicher, dass er genau weiß, was in meinem Kopf vorgeht.
Ein sehr junges Paar geht zwischen uns vorbei. Sie hat weite Sachen an, er seinen Arm um sie gelegt.
»Er ist ihr erster Freund«, sagt Daniel leise, als sie vorbeigezogen sind und ich ihnen hinterher sehe. »Sie ist zwar erst achtzehn, aber all ihre Freundinnen haben schon länger etwas mit Jungs. Sie nicht, sie schämt sich für ihre Figur und

glaubt, dass sich niemals ein Mann für sie interessieren würde. Und plötzlich ist da einer, der sie sieht. Er interessiert sich für sie, umarmt sie, küsst sie. Doch mit all dem kann sie nicht umgehen und sie ist deswegen nicht ehrlich zu ihm.«
Daniel erzählt das alles mit leiser und ruhiger Stimme, die mich augenblicklich in den Bann zieht.
»Was verschweigt sie ihm?«, frage ich leise.
»Sie ist schwer krank. Unheilbar krank. Sie wird es ihm niemals sagen, denn die Angst, dass er geht, ist zu groß.«
Ich schlucke gegen einen harten Kloß an, der mir den Hals regelrecht zuschnürt. »Muss sie …?«
»Sterben?« Er nickt und sieht mich an.
Ich verstehe nicht, woher er derart intime Details kennt, ausgerechnet er, der nie mit anderen Menschen spricht. Einen Moment schweige ich, dann frage ich, wie lange er sie schon kennen würde. Seine Antwort überrascht mich.
»Ich kenne sie nicht.«
Nun bin ich vollends verwirrt, dann denke ich an den kleinen Text. »Es ist eine Geschichte.«
Daniel nickt. »Das ganze Leben ist eine Geschichte. Am Ende zählt nur das, was für dich die Realität ist. Diese nimmst du als das wahr, was dein Leben ist.«
Ich lasse mir das Gesagte durch den Kopf gehen. »Und wenn jemand anderes entscheidet, was mein Leben ist?«
Daniel sieht mich schweigend mit trauriger Miene an.
»Dann habe ich mein Leben verloren«, schlussfolgere ich.
»Nicht ganz. Du bist hier.«
Ich lächle und nicke langsam. »Mit dir.«
Kurz geben wir uns jeder für sich dieser kleinen Freude hin.
»Okay, du sitzt Tag für Tag hier und denkst dir Geschichten aus zu Menschen, die an dir vorbeigehen?«
»Ja.«
»Und das kannst du über jeden?«

Daniel schweigt und sieht sich um, deutet mit dem Kopf zu einer Frau mit einem kleinen Hund.
Ich beiße mir auf die Unterlippe und hebe die Augenbrauen, als er mir auffordernd zunickt.
Sie trägt eine Tasche von Prada und einen teuer aussehenden, dünnen Mantel. »Sie ist einsam. Sie hat niemanden mehr, nur den kleinen Hund. Und das Geld. Ihr Leben lang hat sie viel gearbeitet, konnte sich alles leisten. Nur Liebe kann man nicht kaufen. Sie weiß es, sie hat es versucht. Niemand ist geblieben. Nur der Hund. Und nun ist sie allein mit einem Haufen Geld, was ihr absolut nichts mehr bedeutet.«
»Damals schon, nicht wahr?«
Ich nicke. »Es gab ihr das Gefühl, über den Dingen zu stehen. Am Ende hat es sie nur einsam gemacht.«
Wieder schweigen wir und ich versuche, mir Daniels Dasein vorzustellen. Tagtäglich auf dieser Bank mit all den fremden Geschichten. Es zeigt mir, wie einsam er wirklich ist.
»Danke.«
Er schaut mich fragend an.
»Du hast das hier mit mir geteilt.« Es bedeutet mir mehr, als ich ihm sagen kann. Es ist seine Welt, zu der er mir Zutritt gewährt hat. Ich bin mir sicher, dass er das niemand anderem gezeigt hat.
Daniel zuckt kurz die Schultern und stellt die Füße auf die Sitzfläche, um die Arme um die Knie zu schlingen. »Es ist nichts Besonderes. Ganz im Gegenteil. Es ist ziemlich armselig.«
»Es ist deins und am Ende nicht armseliger als mein Leben.«
Daniel atmet sichtbar tief durch, dann klopft er neben sich auf die Bank, doch ich schüttle den Kopf.
»Ich habe es aus meiner Wohnung geschafft. Jetzt schaffst du es von deiner Bank hinunter.«
Verwirrung macht sich auf seinem Gesicht breit.

»Setz dich neben mich.« Ich rutsche zurück ans Ufer und lasse die Beine über dem Wasser baumeln. Es dauerte eine Weile, bis Daniel sich neben mich setzt und es mir gleichtut.
»Hier habe ich noch nie gesessen.«
Ich grinse leicht. »Deine Muse würde sich langweilen. Du sitzt mit dem Rücken zum Weg.«
Daniel runzelt die Stirn und dreht sich etwas. »So geht es.«
Ich schaue über den Rand ins Wasser. »Ich würde jetzt gern meine Füße hineinstecken.«
»Das ist die Spree.«
»Ich weiß.«
»Die ist sehr dreckig.« Daniel grinst das erste Mal amüsiert. »Dein erster Ausflug und du bekommst Ausschlag an den Füßen.«
Nachdenklich schaue ich aufs Wasser. »Dann müssen wir irgendwo hin, wo ich meine Füße baden kann.«
»Jetzt?«, fragt Daniel.
»Nein, aber irgendwann. Zusammen.«
Daniel macht nur »Hm ...«, und dann nickt er. »Irgendwann.«
Ich sehe auf seine Hand, die vor mir auf seinem Bein liegt und drücke sie kurz und sanft.
Gegen achtzehn Uhr kommen wir zurück. Ich will mich noch nicht trennen, aber ich habe Hunger.
Daniel schlägt vor, neben der Haustür auf der Wiese etwas zu essen, also laufe ich schnell hoch, suche kleine Snacks zusammen und koche eine Kanne Tee. Mit dem vollen Teller, der Kanne und zwei Tassen komme ich zu ihm zurück.
Bis zweiundzwanzig Uhr sitzen wir dort und reden leise über alles, was uns bewegt, ausmacht und ängstigt. Es ist, als würden wir uns schon ewig kennen, als wäre dies nicht unser erstes Treffen. Wir lachen zwischendurch, weinen und am Ende hält er meine Hand.
»Zusammen, Zoe.«
»Freunde, Daniel.«

Der Weg

Alice‘ Geschichte

»Fette Sau!«
»InzuchtBaby!«
»Du bist so undankbar!«

Mein Name ist Alice und ich bin achtzehn Jahre alt. Wenn ihr mich fragt, wo meine Geschichte beginnt, muss ich sehr weit ausholen.
Meine Familie wohnt in einem uralten Haus an der Spree. Wir, das waren meine Großeltern, meine Mutter, meine drei Brüder, die Schwester von Mama mit ihrem Mann samt den zwei Söhnen, drei Hunde und … ich. Für die Erwachsenen des Hauses war ein regelmäßiges Beisammensein das Nonplusultra. Obwohl der Erste bereits um sieben Uhr morgens aus dem Haus musste, aßen wir alle zusammen ein sehr üppiges Frühstück. Dafür stand Oma jeden Tag um halb fünf auf, um den großen Eichentisch in der Küche zu decken. Es war ein tägliches Fressgelage und irgendwie war man gezwungen mitzuessen. Immer hieß es, dass man mit einem leeren Bauch nicht lernen oder arbeiten könne. Dass ein halbvoller Bauch es auch getan hätte, wollte niemand hören. Also habe ich gegessen.
Am Nachmittag gab es dann Omas fette Torten.
»Iss Kind, das ist kein Zucker, das ist Energie!«
Also habe ich gegessen.
Und weil Oma sich den ganzen Tag im Haus langweilte, kochte sie ein noch üppigeres, ausgefeilteres Abendessen. Wir waren elf Personen. Gekocht hat sie für zwanzig und es blieb selten etwas übrig. Weder morgens noch abends.
»Jetzt esst den Rest noch auf, ich habe keinen Platz im Kühlschrank!«
Also habe ich gegessen.
Ihr könnt euch sicher ausmalen, dass wir alle recht gut genährt waren. Uns wurde das Essen regelrecht antrainiert. Warnungen von Kinderärzten wurden in den Wind geschlagen.
Mit zwölf wurde mir klar, wo der Fehler wirklich lag. Ich war nicht fett, weil ich freiwillig so viel aß. Ich war fett, weil meine Familie so viel aß. Es handelte sich tatsächlich um ei-

nen Fehler im System. Man kann eine antrainierte Handlung nicht einfach so abschalten. Der Körper, der Geist und die Familie rebellierten. Ich wusste es, ich hatte es oft versucht. Oma war jedes Mal so beleidigt, wenn ich ihr mit Liebe gekochtes Essen verschmähte, dass sie mich eiskalt ignorierte. Mama sagte mir dann noch zusätzlich, dass ich nicht normal sei. Ich sei krank. Sie bedrängte mich immer tagelang, ob mich etwas belasten würde und wenn ich dann noch immer nicht aufgegeben hatte, klagte sie, sei undankbar. Schließlich gäbe Oma sich so viel Mühe und mir sei die Familie egal.
Unterstützung bekam sie dabei von Onkel Martin und Tante Marianne, unter deren strafenden Blicken jedes Kind irgendwann einknickte.
Wenn ihr jetzt denkt, ich hätte ja das Gemüse auf dem Tisch essen können, denn das brachte mein Bruder einige Jahre später einmal vorwurfsvoll zur Sprache, so muss ich euch etwas erklären: Oma hatte die Sache mit der ausgewogenen und gesunden Nahrung falsch verstanden, denn so abwechslungsreich es auch immer war, so fettig war es auch. Selbst das Gemüse schwamm in einem Fettfilm. Ihr waren rohe Lebensmittel immer suspekt. Sie waren auf dem Weg zu uns von unzähligen fremden Händen berührt worden, so dass alle Keime abgekocht werden mussten. Alles, was es bei uns zu essen gab, war vorher bearbeitet worden. Obst und Gemüse lagerten in der verschlossenen Speisekammer. Es war für uns kein Herankommen. In der Küche war sie der Chef und ließ niemand anderen an die Schränke.
Ich bekam auch kein Taschengeld. Wozu auch, denn ich bekam ja alles, was ich brauchte.
Mit elf klaute ich im Supermarkt eine Paprika. Sie war rot und glänzte im Sonnenlicht. Es war ein eigentümliches Gefühl, sie zu essen und – zugegeben – sie schmeckte nicht. Doch es wurde besser. Meine Geschmacksknospen entfalteten sich. Und dennoch konnte ich all das geklaute Obst und

Gemüse nicht essen, obwohl ich wusste, dass es gesünder war als alles andere, was ich bekam. Ich war schlicht und ergreifend dauersatt.

In der Grundschule war noch alles … okay. Ich war halt Alice, das dicke Mädchen. Das Kind mit der prall gefüllten Pausenbox, das immer alles aufaß. Zum Mittagessen war ich zu Hause, wo ich weiter gemästet wurde. Wie ein Schwein ohne Schlachtbank, mit der liebevollen Aussage, Familienzusammensein kann man am besten am gedeckten Tisch zelebrieren.
Spontan kann ich nicht mal sagen, ob es etwas gab, das ich besonders gern oder gar nicht aß. Es hatte halt nie zur Debatte gestanden, etwas nicht zu mögen. Konnte man Geschmacksverhalten auch antrainieren? Meine Familie reagiert auf ablehnendes Verhalten generell sehr verstörend. Das ist nicht nur beim Essen so. Auch Körperkontakt wurde erwartet. Umarmungen, Kuscheln und Küsschen waren Pflichtprogramm. Selbst meinen Onkel, der nur angeheiratet war, musste ich täglich umarmen und das Küsschen auf die Wange hinnehmen. Tat man es nicht, wurde es bei der nächsten Mahlzeit im Kreis der Familie ausgewertet. Es war kaum möglich, diesen Menschen gerecht zu werden und dennoch eine eigene Meinung zu haben. Aber als Kind findet man sich damit ab. Es wird normal, Alltag eben.

In der Oberschule bekam ich das ganze Ausmaß unserer Lebensweise zu spüren. Nun war ich Alice, die fette Sau. Die aus dem Inzuchthaus, die, die vom Onkel angefasst wird.
Mein Onkel Martin war sehr beleibt, immer verschwitzt und hatte seine Hände ständig an mir. Sein schwerer Arm lag am ersten Tag an der neuen Schule permanent um meine Schultern. Ich bekam fünf Küsschen und drei Umarmungen. Er mochte das. Zu meiner Mutter sagte er mal, dass er griffige

Mädchen bevorzugen würde. Heute verstehe ich diese Aussage besser.
Zur Grundschule konnte ich allein laufen. Der Weg war nicht weit gewesen. Doch das änderte sich mit dem Schulwechsel. Da ich mit der Bahn hätte fahren müssen und mein Onkel in der Nähe halbtags arbeitete, brachte er mich jeden Tag mit dem Auto zur Schule. Etwa eine Woche nach Schulbeginn fragte ich, warum ich nicht Bahn fahren dürfe. Die Aussagen waren unterschiedlich:
»Da rennt nur Gesindel herum!« – Oma
»Onkel Martin macht extra für dich den Umweg und so dankst du es ihm!« – Tante Marianne
»Onkel Martin passt da gut auf dich auf. Er liebt dich doch.« – Mama
Diese und ähnliche Worte ließen mich am Ende schweigen. Da aß ich lieber weiter, nur um Oma zu besänftigen, die mich sehr böse anschaute.
So blieb ich dick, schweigsam und hörte all die Worte, die nur halb hinter meinem Rücken gesprochen wurden. Die Jungs lästerten täglich, bewarfen mich im Unterricht mit Essen, weil sie »die Sau füttern« mussten. Bei den Mädchen reichten Blicke und das Getuschel hinter vorgehaltener Hand. Sie kicherten und schauten mich von oben bis unten an.
Es tat weh. Es tat entsetzlich weh.
Jeder Bissen tat furchtbar weh. Jedes Wort, jeder Blick, jede Geste. Ich fraß all das praktisch in mich hinein.
Es wurde von Tag zu Tag schlimmer. Die Lehrer sagten kaum etwas. Hin und wieder ein »Olaf, lass es sein!« Oder ein »Michael, hör auf damit!«
Wer nahm solche Aussagen bitte ernst? Sie lachten die Lehrer genauso aus wie mich.
Onkel Martin war keine Hilfe. Eines Tages holte er mich ab und sah, wie drei Jungen mich mit Essensabfällen bewarfen

und als Inzuchtbaby beschimpften. Doch anstatt auf die drei Jungs zuzugehen und ihnen die Meinung zu geigen, legte er seinen Arm um meine Taille, küsste mich auf die Wange und sagte, dass sie gar nicht wüssten, was Familie bedeutete. Die Mitschüler machten anzügliche Bemerkungen und Bewegungen. Er hatte alles nur noch schlimmer gemacht.
Und genauso schrecklich war auch sein Bericht am allabendlichen Tisch. Ich hätte nicht den Arsch in der Hose, um für meine Familie einzustehen.
Fassungslos starrte ich ihn an. Hatte er mir gerade gesagt, ich solle mich mit meinen Mobbern anlegen? Ich wollte aufstehen. Diese Menschen sollten meine Tränen nicht sehen. Doch kaum hatte ich mich erhoben, fauchte Oma, ich solle mich setzen, die Familie würde noch essen.
Zitternd stand ich einer Front gegenüber, die mich mit abwartender Miene musterte, doch ich hatte keine Kraft, mich gegen zehn Menschen gleichzeitig aufzulehnen. Stattdessen setzte ich mich weinend und aß weiter, um des Friedens und meiner Ruhe willen, obwohl ich das Essen auf meinem Teller kaum ertrug. Kartoffeln, fettiger Schweinebraten, matschige Bohnen, Bratwurst, Maiskolben und eine Backkartoffel. Diese Portion reichte für drei und doch leerte ich meinen Teller, wie es von mir erwartet wurde. Dann stand Oma auf. Ein Zeichen, dass die Mahlzeit beendet war. Schnell lief ich ins Bad, wo ich mich einschloss. Es war der einzige Ort in diesem Haus, den man verschließen konnte. Das erste Mal in meinem Leben verstand ich alles, was um mich herum passierte. Ich war zwölf Jahre alt und gefangen in einer Welt, die mich überfütterte und mich im Anschluss dafür fertig machte.
Immer mehr klärte sich das Bild. Konnte ich verschwinden? Ich war ein Kind. Wo sollte ich schon hin? Und am Ende interessierte es ja doch niemanden. Ich traf auf Menschen,

denen ich absolut gleichgültig war. Niemand sah das dicke, hilflose Mädchen.
Plötzlich schoss ich hoch, beugte mich über die Toilette und erbrach mich. Alles, was ich gegessen hatte, kam wieder raus. Es dauerte Minuten, bis ich mich zurücklehnte und die Augen schloss. Ein eigentümliches Gefühl überkam mich. Ein Gefühl der absoluten Leere. So hatte ich mich noch nie gefühlt. Es war … berauschend. Und doch tat es weh.
Schnell stand ich auf, betätigte die Spülung und wusch mir das Gesicht, bevor ich in den Spiegel schaute. In mir erschien quasi die einzige Möglichkeit, beide Seiten zufriedenzustellen. Ich konnte essen und doch wieder nicht.
Mit dieser Weisheit ging ich ins Bett. Mir war natürlich klar, dass sich in der Schule nichts ändern würde. Und dieser Gedanke machte mir Bauchschmerzen. Mit diesem bekannten und beklemmenden Gefühl stand ich täglich auf.
Am Tisch war ich kein Thema mehr. Und so aß ich, was Oma und Mama mir gaben. Eierkuchen, Rührei, Speck, Marmeladentoast und Würstchen.
Ich war satt, aber nicht vollgefressen. Es war die bekannte Portion, die mein Körper gewohnt war. Zufrieden lächelnd entließ Mama mich vom Tisch und ich ging ins Bad. Verdammt, warum passierte jetzt nichts?
Ich saß vor der Toilette, dachte an all das fette Essen und was es in mir anrichtete, erinnerte mich an den Vortag in der Schule, doch mehr als Tränen brachte ich nicht hervor. Ich verzweifelte so sehr, dass ich bitterlich losheulte.
Das rief Mama auf den Plan, die die Tür aufriss und fragte, warum ich heulend auf dem Boden hocken würde.
Konnte ich einen Tag rausschinden? Ich gab Bauchschmerzen und starke Übelkeit an. So kaputt, wie ich aussah, glaubte sie mir aufs Wort.

Im Bett liegend, versuchte ich zur Ruhe zu kommen, doch mein Geist feierte eine regelrechte Mobbingparty. Ich hörte all die Stimmen:
Familie ist das Wichtigste.
Gemeinsame Mahlzeiten stärken den Zusammenhalt in der Familien.
Du bist so undankbar.
Oma hat das alles für euch gekocht.
Manchmal waren es nicht die Worte, die wehtaten.
Es waren die vernichtenden Blicke und der niederschmetternde Ton. Dann fragte ich mich immer, was ich diesen Menschen getan hatte. Und zwischen all diese Worte mischten sich die meiner Schulkameraden. Finger, die auf mich zeigten, höhnisches Gelächter und Beleidigungen wie »Fette Sau!« und »Inzuchtbaby!«
Ich schlief und doch wieder nicht. Es fühlte sich alles so real an, dass ich nicht wusste, in welchem Hier und Jetzt ich mich befand. Immer schneller wechselten die Gesichter vor meinem inneren Auge. Und als meine Mutter mich schallend auslachte und Freddie Müller mir eine Handvoll Kartoffeln mit den Worten »Friss das, das hält uns zusammen!« ins Gesicht drückte, wachte ich schreiend auf. Mein überfüllter Magen reagierte sofort und ich übergab mich über meine Bettdecke. Es hörte gar nicht mehr auf. Nach Minuten fiel ich erschöpft zurück und weinte heftig. Ich hatte nicht mal die Kraft, die besudelte Bettdecke zu entfernen.
Es dauerte eine Woche, bis ich auf die Beine kam. »Liebevoll« umsorgt von Oma, die nicht verstand, warum ihre allheilende Hühnerbrühe nicht drinblieb.
Dass ich sie nicht drinlassen wollte, sagte ich ihr nicht. Ich mochte das Gefühl von Leere in mir. Zu wissen, dass alles raus war, ließ mich zur Ruhe kommen.
Und es wurde einfacher. Im Internet erfuhr ich, wie ich mein Essen wieder loswerden würde. Aber das, was so einfach klang, war so schwer, nämlich mir den Finger in den Hals zu

stecken. Diese Überwindung war unglaublich. Da fühlte ich mich besser, den Sirup der Brechwurzel zu nehmen. Es dauerte nicht allzu lange, bis der dickflüssige Saft wirkte. Leider konnte ich ihn nicht lange nehmen. Die Übelkeit war mörderisch.
Ich schreibe *leider*. Bewusst, denn der Zwang, alles wieder loszuwerden, war den ganzen Tag allgegenwärtig. In das Gefühl der absoluten Leere war ich regelrecht vernarrt. Nichts fühlte sich besser an als das große Nichts.
All das begann, als ich dreizehn war. Ich nahm sehr schnell ab, was Mama sehr verwirrte. Ihrer Meinung nach war ich krank. Nur, weil ich zwei, drei Kilo verloren hatte?
Kurz bevor all das losging, stellte mich mein Arzt auf die Waage. Die knapp 120 kg machten mich fertig. Dreizehn Jahre alt und über einhundert Kilo! Das durfte nicht sein. Ich wollte keine Angriffsfläche mehr bieten. Jeden Tag sah ich all die Mädchen, die in knappen Oberteilen und kurzen Röcken oder zarten Kleidchen ihre Körper präsentierten.
Nicht, dass ich irgendwas zeigen musste, aber ich wollte mich so wohl fühlen, wie sie es taten. Ich wollte schwitzen, weil es schlicht warm war und nicht, weil ich Probleme hatte, meinen Körper durch den Tag zu bringen. Nun, kurz vor meinem vierzehnten Geburtstag, schleppte Mama mich erneut zum Arzt. Ich musste nicht hören, was immer er zu sagen hatte. Noch immer wog ich viel zu viel. Was würde er dieses Mal sagen?
»Ihre Tochter ist übergewichtig! Bitte achten Sie endlich auf ihre Ernährung!«
Ich wollte das nicht hören. Und doch hatte ich keine Chance. Onkel Martin fuhr uns hin. Und im Laufe der Zeit hatte er sich in der Hierarchie der Familie auf Platz zwei hochgearbeitet. Was Oma und er sagten, war Gesetz.

Der Arzt ignorierte das und ließ Mama und Onkel Martin draußen stehen. Sein Blick scannte mich richtig, als er mich fragte, wie es mir ging.
Was sollte ich dazu sagen? Meine Familie war furchtbar. Meine Schule bestand aus einem Haufen Mobbern und ich war zu fett. Ratlos zuckte ich die Schultern und sah ihn abwartend an.
Er bat mich, aufzustehen. Was wollte er nur von mir? Grundsätzlich war doch alles okay.
Der Arzt checkte meine Vitalwerte, betrachtete meine Finger und sah mir in den Mund. Seine nächste Frage war, ob ich ausreichend essen würde. Ich nickte, denn essen tat ich reichlich.
Er nahm mir Blut ab und bat mich, meine Kleidung abzulegen.
Dass ich mich ausziehen sollte, frustrierte mich. Ich hasste es, mich zu zeigen.
Mit gesenktem Blick stand ich da und wartete auf weitere Anweisungen.
Er bat mich auf die Waage. Ich tat es, sah aber nicht hin. Ich wusste, was ich nicht sehen wollte.
Als ich angezogen wieder auf dem Stuhl saß, schaute er mich ernst an. Ich werde seine Worte nie vergessen. Sprach er doch das aus, was mich jetzt – Jahre später – noch immer quält: »Alice, ich hege den Verdacht, dass du magersüchtig bist.«
Ich schüttelte den Kopf und sagte ihm, dass ich essen würde. Ganz viel und das taten Magersüchtige ja nicht.
Er nickte langsam und fragte mich, ob ich all das, was ich aß, auch bei mir behalten würde.
Nun schwieg ich.
»Dein Zahnschmelz ist angegriffen, deine Fingernägel rissig, die Schleimhäute zu trocken und du wiegst nur noch 54 kg.«
Ich bin etwas über 1,70m groß. Er sagte mir, dass das Ge-

wicht zu wenig sei. Er sprach den zweiten Verdacht aus: Bulimie.
Ich schwieg und er nahm mein Schweigen als stummes Einverständnis, dass er Recht hatte.
Er wollte mit meiner Mutter reden. Hastig schüttelte ich den Kopf, doch er bestand darauf.
Es war das erste Mal, dass ich wütend wurde: »Das geht sie nichts an und sie würde es ohnehin nicht verstehen.« Auch erinnerte ich ihn an seine Schweigepflicht.
Jedoch erklärte er mir, dass er das dazu Recht hatte, meiner Mutter zu sagen, was er für ein Problem erkannt hatte, da ich noch keine fünfzehn Jahre alt sei.
Ich schüttelte immer wieder den Kopf. Er durfte es ihr nicht sagen. Sie würde mich überwachen!
Zitternd und weinend vor Wut brüllte ich, dass sie das alles nichts angehen würde, dann stürmte ich hinaus und ließ meine verwirrt schauende Mutter zurück. Sie musste jedoch blitzschnell Onkel Martin auf mich gehetzt haben, denn der folgte mir nun, nur um meinen Arm zu packen.
Wieder brüllte ich, dass er mich nicht anfassen solle. Nie wieder!
Ich weiß bis heute nicht, ob es einfach eine stark ausgeprägte familiäre Zuneigung war oder ob er sexuelle Hintergedanken hatte. Vielleicht … nein, ganz sicher verstand er unter Familie etwas vollkommen anderes als ich.
Er ließ mich los, als hätte er sich verbrannt, doch seine Gesichtszüge waren verhärtet und einen Moment lang dachte ich, er würde ausholen.
Schnaufend und zitternd sah ich ihn an, als ich aus dem Augenwinkel eine Bewegung wahrnahm. Mama kam auf uns zu. Sie war blass und sah mich nicht an, als sie verkündete, nach Hause zu wollen.

Auch dort schaute sie mich nicht an. Stattdessen verschwand sie mit meinen Großeltern, meiner Tante, meinem Onkel und meinem ältesten Bruder in der Küche.
Ich selbst verkroch mich in meinem Zimmer. Der Arztbesuch hatte mir stark zugesetzt. Mit meinem kleinen Koala saß ich auf dem Bett und dachte an meinen Vater. Von ihm hatte ich dieses Kuscheltier. Zuletzt hatte ich ihn nach meinem achten Weihnachtsfest gesehen. Er hat nie bei uns gelebt und war meist in Australien zu finden. Da kam er her. Damals musste er unser Land verlassen, da seine Aufenthaltsberechtigung abgelaufen war und meine Eltern nie verheiratet gewesen waren. Von ihm hatte meine Mutter auch nur zwei von vier Kindern. Meinen jüngsten Bruder und mich. Danach habe ich keinen Mann mehr in ihrem Leben gesehen. Vielleicht hatte sie einen, ich wusste es nicht.
Als einziges Mädchen in dieser Familie hatte ich auch immer einen Sonderstatus. Es war seltsam, ich hatte immer das Gefühl, als wüsste niemand so recht, wie er mit mir umgehen sollte. Wie ein exotisches Haustier fühlte ich mich. Ich wurde gefüttert, gestreichelt und getätschelt, doch das Tier war nicht glücklich, weil trotz der starken Zuneigung die Haltung einfach von Grund auf falsch war.
Am Abend, als sich alle am Tisch versammelten und zu essen begannen, sagte Oma mir, dass es mir nicht erlaubt sei, nach den Mahlzeiten direkt die Toilette aufzusuchen. Zwei Stunden lang. Müsste ich doch, würde mich jemand begleiten.
Ich erinnere mich noch an Onkel Martins feistes Grinsen. Er sollte mich begleiten? Niemals!
Schnell schüttelte ich den Kopf, doch Oma ließ keinen Widerspruch zu. Auch war es mir nicht gestattet, die Zimmertür zu schließen oder allein nach draußen zu gehen.
Ich sprang auf und rief, dass sie mich nicht einsperren konnten.

Das wolle auch niemand, aber ich sei krank und dürfe nicht allein bleiben, sagte meine Tante.
»Du gehörst unter strenge Aufsicht.« Omas letzter Satz zu diesem Thema. Obwohl alle weiteraßen, schauten sie mich an. Ich sah genau, wie sie jeden Bissen unter die Lupe nahmen. Meine Hand zitterte so stark, dass ich die Gabel mehrmals fallen ließ.
So ging es einige Wochen. Jeder Bissen wurde gezählt. Onkel Martin brachte mich bis ins Klassenzimmer, weil er verhindern wollte, dass ich vor dem Unterricht noch einmal zur Toilette ging. Das war für meine Mitschüler ein Grund mehr, mich zu verspotten.
Ich lief Spießruten, in der Schule und zu Hause. Dass ich wieder zunahm, strapazierte meine Nerven zusätzlich.
Fast sechs Monate hielt ich durch. Sechs Monate, in denen ich mehr und mehr abbaute. Ich sprach kaum noch, aß nur auf Befehl. Meine Familie musste mich während der Mahlzeiten immer wieder daran erinnern, weiterzuessen.
Ich war einfach nicht mehr im Hier und Jetzt. Wie oft ich in der Nacht über der Toilette hing, konnte ich gar nicht zählen. Viel zu häufig spürte ich eine so starke Übelkeit nach den Mahlzeiten, dass ich kaum aufstehen konnte. In meinem Magen brannten hunderte Fackeln, den gesamten Weg zum Hals hinauf tat es weh.
Jeder Bissen, den ich unter Zwang hinunterschluckte, kämpfte sich durch ein Feuermeer in den Magen. Ich aß nur noch unter starken Schmerzen.
Irgendwann sagte ich meiner Mutter verzweifelt, dass es mir wehtat zu essen, doch sie winkte ab, mit den Worten, ich solle mich nicht so anstellen und mal wieder klarkommen.
Was genau hieß das? Klarkommen? Wieder fressen? Alles reinstopfen? So wie früher, so wie die gesamte Familie es tat?

Oma war noch schlimmer. Sie sagte mir ins Gesicht, dass ich spinnen würde und der Familie gegenüber verdammt undankbar sei.
Ich überlegte, ob mich ihre Worte noch trafen. Doch im Grunde hatte ich es zu oft gehört. Heute weiß ich, dass sich jedes Wort in mein Herz gebrannt hat.
Kurz vor meinem sechzehnten Geburtstag brach ich in der Schule das erste Mal zusammen. Ich hatte oft genug das Essen verweigert und es hin und wieder geschafft, das zu mir genommene wieder loszuwerden. Dazu der Stress, den ich mir selbst machte, den meine Familie mir auflastete und das Mobbing in der Schule.
Ich brach mitten im Flur zusammen.
Als ich zu mir kam, steckte ich in meiner ersten Zwangseinweisung.
Der Arzt im Krankenhaus war besorgt. Er hatte mit meiner Mutter gesprochen und nun saß er neben dem Bett und blätterte in einer Akte.
Auch er erzählte mir, dass ich zu wenig wiegen würde. Zudem wiesen meine Zähne Anzeichen einer Bulimie auf. Nichts, was ich nicht schon gehört hatte. Etwas Neues war das Magengeschwür. Gut, das konnte in Ruhe heilen, ich würde ohnehin kaum etwas essen.
Ich schaute an mir hinunter, musterte die Nadel in meinem Arm und folgte mit meinem Blick dem Schlauch. Er führte zu einem Beutel Kochsalzlösung.
Dr. Mickers sagte mir, ich sei dehydriert, was oft Folge von häufigem Erbrechen sei.
Ich drehte den Kopf weg. Irgendwie hatte die Platte meines Lebens einen tiefen Kratzer. Egal, mit wem ich mich unterhielt oder wer mir etwas sagte, es wiederholte sich pausenlos.
Da lag ich nun allein im Zimmer und wartete. Auf meine Mutter, auf meine Geschwister … auf meine Familie. Die Menschen, die mir stets vorgebetet hatten, nichts sei wichti-

ger als die Familie. Blanker Hohn. Nicht mal Onkel Martin kam. Auch wenn ich auf ihn noch weniger Wert legte als auf jeden anderen, wunderte es mich.
Was folgte, waren endlose Tage. Manchmal schien es, dass Ärzte und Pflegepersonal sie bewusst verlängerten. Ich war nicht mal wirklich bereit, aufzustehen. Jeder Bissen wurde überwacht und notiert.
Gleich am ersten Morgen kam ein junger Arzt und bat mich, mitzukommen.
Der Untersuchungsraum war steril und ungemütlich kalt. Ich fror sehr.
Er fragte mich, wie ich mich fühlen würde. Eine Frage, die mich in den nächsten Jahren durchweg begleiten würde. Und nie wusste ich eine Antwort darauf. Ich war auch nie sicher, was genau sie hören wollten. Sollte ich ihnen von meiner Familie erzählen? Oder von der Schule? Wollten sie wissen, wie ich all das sah oder wie sie es sehen wollten? Das war mir bereits zwei Mal passiert.
Mein Kinderarzt hatte nicht hören wollen, was ich von der Schule berichtete. Er sagte, ich müsse mich nur wehren, er sei für meine Gesundheit da, nicht für meine Psyche. Und der Sozialarbeiter in der Schule verstand mein häusliches Problem nicht. Wieso sollten Eltern die Kinder zum Essen zwingen? Das ergäbe überhaupt keinen Sinn. Beide Male wurde ich als unglaubwürdig hingestellt. Also was genau wollten sie von mir hören?
Der Arzt bat mich aufgrund meines Schweigens aufzustehen und zur Waage zu gehen. Ich fühlte mich wie jedes Mal sehr unwohl. Und doch gehorchte ich, trat auf die Digitalwaage. Ich schaute nicht hinunter, wollte die Zahl nicht sehen. Danach maß er meine Größe, mein Körperfett, das Lungenvolumen und die Vitalwerte. Am Ende nahm er mir noch Blut ab.

Nach etwa zwanzig Minuten durfte ich mich anziehen. Er gab mir eine Tasse Tee und setzte sich mir gegenüber auf den zweiten Stuhl, der vor seinem Schreibtisch stand.
Noch heute sind seine Worte klar und deutlich in meinem Kopf: »Alice, du bist stark unterernährt. Du bist 1,71 m groß und wiegst lediglich 48 kg. Das bedeutet einen BMI von 16,4. Dein Körperfett liegt bei 9% und auch dein Lungenvolumen liegt unter der Norm, zudem ist dein Blutdruck zu niedrig. Auf deine Blutwerte warten wir noch, aber ich würde wetten, dass dein Elektrolythaushalt komplett entgleist ist.«
Diese Fakten hatte ich so geballt noch nie gehört. 48 kg? Mein Blick ging zur Waage. Das konnte nicht sein. Er musste sich vertan haben. Ich schüttelte hastig den Kopf, während er schwieg und mich nur ansah, als wolle er in mein Innerstes sehen.
Ich fragte ihn, was das jetzt für mich bedeuten würde.
»Was möchtest du?«, fragte er zurück.
Auch darauf hatte ich keine Antwort. Ohnehin hatte das noch nie jemand wissen wollen. Ich war davon so irritiert, dass ich blinzelnd schwieg.
Er entließ mich in mein Zimmer, gab mir jedoch ein Buch mit, in dem ich meine Gedanken aufschreiben sollte. Ich rührte es lange nicht an. Vielleicht auch, weil ich mir einredete, keine eigenen und relevanten Gedanken zu haben. Wann immer ich es gewagt hatte, eben genau diese zu äußern, wurde mir der Mund verboten, dazwischen gesprochen oder ich, so wie in der Schule, komplett verhöhnt. Ich fürchtete, meine eigenen Gedanken seien komplett verkümmert.
Meine Mutter besuchte mich beinahe jeden Tag. Sie sei besorgt um meine Gesundheit, sagte sie. Wie besorgt ist man, wenn die missratene Tochter die mitgebrachte Torte verschmäht und dafür wieder Ärger bekommt? Anstatt das

Problem als solches zu erkennen, kamen wieder nur Vorwürfe.
Ich wollte sie nicht sehen. Das sagte ich meinem Arzt auch und scheinbar nahm man sowas hier sehr ernst, denn obwohl ich erstmal keinen Grund angeben wollte, wurde meine Mutter wieder weggeschickt. Das ging zwei Wochen so, dann kam sie nicht mehr.
Als es um meine Zukunft ging, fragte mich mein junger Arzt, wo ich hinwollte. Ich sagte ihm, dass ich nicht nach Hause wollte.
Das war zwar nicht seine Frage gewesen, doch er griff meine Antwort sofort auf. Er bat mich, ihm zu sagen, warum ich mein Heim und meine Familie ablehnen würde.
Drei Tage lang wich ich seiner Frage aus, dann knickte ich ein und berichtete. Jedes Detail schilderte ich ihm und machte dabei auch den Bogen zur Schule. Ich erzählte jedoch völlig wertfrei. Es waren nur Fakten, wie er schnell feststellte.
Auf die Frage, wie es mir dabei gehen würde, antwortete ich nicht. Das Resultat saß ja vor ihm, doch das schien ihm nicht zu reichen.
Ich blieb sechs Wochen in der Klinik, dann kam ich in eine Wohngruppe. Sie lag nahe am Wald, hinter dem die Spree floss.
Und während meine Mutter um das Sorgerecht für mich kämpfte, kämpfte ich mich durch den Alltag des Lebens. Es gab mehr Tiefs als Hochs, mehr Diskussionen mit dem Team als freudige Gespräche. Es gab mehr Tage ohne Essen als mit und mehr Tage über dem Klo als ohne Erbrechen. Ich kam einfach nicht auf die Füße zurück.
Die Zeiten in der Klinik fielen mir leichter. Ich mochte meinen Arzt, auch wenn ich mit ihm nicht mehr sprach als mit jedem anderen. Jedoch fühlte ich mich in der Klinik wohler,

als in der Wohngruppe. Warum das so war, wurde mir erst später bewusst.
Weit nach meinem 17. Geburtstag gestand ich mir ein, dass es allein an Niklas lag. Dr. Niklas Marks. Mein Arzt bedeutete mir mehr als meine Familie oder … Freunde hatte ich nicht. Ich hatte nur Niklas. Dass es ihm ähnlich ging, zeigte er, als ich eines Abends allein in der Wohngruppe in meinem Zimmer saß und er mich überraschend besuchte.
Er sagte, er müsse immer an mich denken. Nicht zu wissen, wie es mir ginge, mache ihn fertig. Es war ein bekanntes Gefühl. Ich wusste auch oft nicht, wie es mir ging und das machte mich genauso fertig. Das war eine Tatsache.
Ich war gerade siebzehn Jahre alt, sozial ziemlich unberührt und nun saß dieser Mann vor mir und sagte, dass er verliebt sei. Ich war maßlos überfordert. Mich überforderte ja schon mein eigenes Verliebtsein.
Der erwachsene Mann und das noch immer minderjährige Mädchen. Der Arzt und seine Patientin. War es okay, dass er mir seine Gefühle so mitteilte? Wie sah der moralische Aspekt aus?
Ratlos und hilflos sah ich ihn an, nicht wissend, was ich tun sollte oder was er nun von mir erwartete. Er war Arzt. Niklas wusste vermutlich ziemlich genau, was in mir vorging. Meine Hand lag in seiner und er sagte mir deutlich, dass ich mir keinerlei Sorgen machen müsse. Das war leichter gesagt als getan. Ich machte mir über alles Sorgen. Und am meisten beschäftigte mich die Frage, warum er mit mir zusammen sein wollte. Ich war ein Niemand. Mich sah man nur, wenn man gehässig sein konnte. Ich war noch nie wirklich gesehen worden.
Wenn ihr jetzt denkt, ich sei motiviert gewesen, mein Leben in den Griff zu bekommen, so muss ich euch enttäuschen. Mich stresste die Sache mit Niklas mehr, als mein Dasein es ohnehin schon tat.

Wann immer er ging, fiel ich in ein metertiefes Loch, doch war er da, verkrampfte ich vollkommen. Mich einfach in seine Arme fallen zu lassen, war schier unmöglich. Ich hatte sofort das Gefühl, etwas geben zu müssen, was ich nicht besaß: Liebe. Ich war verliebt, aber ich war nicht sicher, ob ich in der Lage war, Liebe zu geben.
Mehrere Wochen beobachtete er mich und ich wusste genau, dass ihm klar war, was in mir vorging.
Für einen langen Zeitraum dachte ich, er würde sich abwenden, immerhin hatte er einen harten Job und er kannte Menschen wie mich. Mit jemandem zusammen zu sein, der unter Bulimie leidet, magersüchtig und massiv depressiv ist, ist für beide Parteien ein harter Kampf.
Ich war manchmal so müde und schlapp, dass ich nicht aufstehen konnte. Dann gab es Tage, da wollte ich einfach nicht. Ich war die einzige in der Wohngruppe, bei der peinlich genau darauf geachtet wurde, was sie nach dem Essen tat. Fressanfälle, wie die meisten Bulimiekranken sie haben, kamen bei mir nicht vor. Ich musste mich zwingen zu essen und ich musste mich zwingen, das Essen bei mir zu behalten.
Irgendwann brach ich einfach aus. Alles fing mit einer heftigen Diskussion an. Niklas versuchte mir erneut klarzumachen, dass ich sterben würde, wenn ich nicht endlich essen würde. Er war niemand, der mir sagte, dass ich einfach nur essen sollte, so schwer war es schließlich nicht. Nein, er spielte seine Beziehungskarte aus. Ich solle an uns denken. Daran, dass das ganze Leben noch vor uns lag.
Das war zu viel. Ich sprang auf, brüllte, dass er sich eine andere suchen müsse und verschwand. Aus der Wohnung, aus dem Haus und aus seinem Leben. Mir war klar, dass er nicht verstand, warum ich plötzlich so ausflippte. Normalerweise prallten solche Reden an mir ab. Zu oft hatte ich sie schon

gehört. Doch jetzt war ein Punkt erreicht, wo ich nicht mehr konnte.
Doch was hatte mich so zurückgeworfen?
Meine Familie. Der einzige Aspekt in meinem Leben, der mich immer wieder in ein tiefes Loch schubste. Meine Mutter hatte zwar das Sorgerecht für mich verloren, wusste aber ziemlich genau, wo sie mich finden konnte.
Vor einer Woche hatte sie mich auf dem Weg nach Hause abgefangen und mir mitgeteilt, dass Oma gestorben sei. Ich verdaute noch ihre plötzliche Anwesenheit, als sie mir diese Tatsache so unverblümt ins Gesicht schleuderte. Blinzelnd hatte ich vor ihr gestanden und nichts gesagt.
Sie verlangte, dass ich nach Hause kommen sollte. Immerhin brauche sie jetzt Unterstützung bei der Beerdigung und könne nicht alles allein machen. Da ich zwar schwieg, aber heftig den Kopf schüttelte, schaute sie mich so böse an wie damals, als ich der Familie durch meine Ablehnung des Essens große Schande gemacht hatte. Sie würde es nun jedoch von mir verlangen. Die Zeit des Bittens sei vorbei.
Meine Antwort war ein leises, aber deutliches »Nein!«
Das überhörte sie und zitierte mich nach Hause. Ich hätte lange genug Pause gehabt. Ich wusste gar nicht, wohin mit mir.
Als sie barsch eine Antwort verlangte, brach ich in Tränen aus. Unverständnis.
Ich lief schnell nach Hause. Seit diesem Tag tauchte ständig jemand anderes auf. Mama, Onkel Martin, meine Tante, mein großer Bruder. Jeder verlangte das Gleiche: »Komm nach Hause!«
Der Druck wuchs, ich erbrach mich immer wieder bis zum Tag meiner Flucht.
Ich rannte und rannte. Eigentlich wusste ich nicht mal, wohin. Ich sah nichts, zu sehr füllten die Tränen meine Augen.

Plötzlich sah ich das Wasser der Spree auf mich zukommen und sprang …

Als ich zu mir kam, hörte ich die Sirene des Krankenwagens. Heftig wurde ich durchgeschüttelt. Meine Hand ging zu meinem Gesicht, welches halb von der Sauerstoffmaske verdeckt war.
»Nicht …«
Ich drehte meinen Kopf zu seiner Stimme. Niklas. Da saß er. Klitschnass in eine Decke gewickelt.
Leise fragte ich, was passiert war, denn die Zusammenhänge fehlten mir gerade gänzlich.
Niklas küsste meine Stirn und sagte, dass wir später reden würden. Und das taten wir. Zwei Stunden später hing ich an einem Tropf, während er mir erklärte, wie schlecht meine Blutwerte wieder einmal waren. Zweimal fragte er, was mich so sehr belasten würde. Nur stockend berichtete ich von meiner Familie und von ihrem Druck mir gegenüber in der vergangenen Woche.
Langsam nickte er. Niklas verstand alles. Dann fragte er mich, ob ich heute sterben wollte.
Dieses Wort hämmerte sich in meinen Kopf. Ich bin nicht sicher, ob mein Verstand es auch so bezeichnet hatte. Ich war ja nur gerannt und letztlich gesprungen. Ich wollte nichts mehr hören und nichts mehr fühlen. Ich wollte all das störende Brennen in mir ein für alle Mal loswerden. Musste ich dafür sterben? So ganz klar war das in meinem Kopf nicht drin, also zuckte ich als Antwort nur die Schultern. Diese Frage war nicht zu beantworten.
Niklas war traurig, das war nicht zu übersehen. Und es war ein Umstand, der mich belastete. Ich wollte ihn nicht traurig machen. Tief in meinem Inneren liebte ich diesen Mann, auch wenn ich es nie so recht zeigen konnte.

Drei Tage war ich auf der Station, dann kam ich zurück in die Klinik, wo Niklas arbeitete.
Es war ein stetiger Wechsel zwischen WG – Klinik – WG – Krankenhaus – Klinik – WG. Niklas hatte das Geschehene dem Jugendamt mitgeteilt, das sofort eine einstweilige Verfügung beim Gericht beantragte, da ich stark gefährdet war. Meine gesamte Familie durfte sich dem Haus, in dem ich lebte, nicht mehr nähern und auch zu mir mussten sie einen gerichtlich erwirkten Abstand halten.
Niklas ging beinahe jeden Tag mit mir am Wasser spazieren. Es war ein Ritual geworden. Oft musste er mich überreden, manchmal ging ich freiwillig mit. Es war anstrengend, ich kam aus dem Teufelskreis einfach nicht heraus. Und Niklas musste zusehen. Was er als Arzt auch tat, es half nichts.
Mehrere Wochen gingen wir unseren Spaziergängen nach. So blind ich auch sonst für mein Umfeld war, so fiel er mir doch recht schnell auf.
Ein junger Mann mit braunem Haar, meist trug er eine dunkle Mütze. So wie wir bei Wind und Wetter unsere Runde drehten, so saß er auf dieser Bank am Ufer. Es gab Tage, da beruhigte es mich, ihn zu sehen, an anderen fühlte ich mich fast schon belästigt.
Weit nach meinem 18. Geburtstag nahm ich mir vor, ihn anzusprechen. Ich war am Morgen allein losgegangen. Es war ein warmer Sonntag. Bevor ich aufbrechen konnte, drückte mir unser Betreuer Lars noch eine Flasche Wasser mit Elektrolyten in die Hand. Er war nett, aber penetrant besorgt. Ihm war es sehr wichtig, dass jeder von uns genug trank. Obwohl das Thermometer über fünfundzwanzig Grad anzeigte, trug ich eine Jacke. Ich fror immer. Vermutlich lag es an meinem angeschlagenen Immunsystem. Mit dem Bewusstsein, gleich einen wildfremden Mann anzusprechen, durchquerte ich den Wald auf dem Weg zur Fähre, denn dort in der Nähe saß er immer.

Als ich auf den Weg abbog, der direkt am Wasser entlangführt, stockte ich. Er war nicht allein.
Neben ihm saß eine junge Frau mit langem, dunkelblondem Haar. Auch wenn sie nicht miteinander sprachen, zeigte ihre zugewandte Körperhaltung, dass sie zusammengehörten.
Sollte ich jetzt wirklich zu ihm gehen? Ich wollte sie nicht stören. Reglos beobachtete ich die beiden einfach nur.
Nach unendlich vielen Minuten stieß das Mädchen ihn an und deutete auf mich.
Flucht? Es drängte mich stark, den Rückweg anzutreten. Was mich hielt, war ein kleines Lächeln auf seinen Lippen.
Sie stand plötzlich auf und setzte sich ans Ufer, ließ die Beine über den Rand baumeln. Hin und her ging mein Blick, dann stand auch er auf und setzte sich zu ihr auf die Wiese, winkte mich heran.
Ich rührte mich nicht, beobachtete sie nur, wie sie leise miteinander sprachen und dabei immer wieder zu mir schauten. Ein Umstand, der mich – warum auch immer – furchtbar aufregte. Langsam ging ich auf die beiden zu. Aus dem ersten Impuls heraus wollte ich sie fragen, ob es Spaß machte, über andere zu lästern, doch das Lächeln des Mädchens war so warm und liebevoll, dass ich mich kommentarlos setzte.
Da saßen wir nun zu dritt. Und niemand sprach. Es fühlte sich gut an. Und obwohl ich diese beiden Menschen nicht kannte, spürte ich das erste Mal in meinem Leben so etwas wie Zugehörigkeit. Ihre zurückhaltende Art, wie sie mir begegneten, wie sie einander ansahen und dann mich mit dem gleichen Blick bedachten, fühlte sich besser an als alles, was ich in meinem Leben erfahren hatte.
Die Natur nahm uns drei anstandslos in ihre Mitte auf. Der Wind, die Sonne, das Gras unter meinen Fingern, all das erdete mich grenzenlos. So sehr, dass ich nach hinten sank und die Augen schloss. Mit der Gewissheit, dass die beiden auf mich aufpassen würden.

So saßen wir, bis ich einen Schatten über mir wahrnahm. Niklas.
Er lächelte und fragte, ob es mir gut ginge. Ich konnte nur nicken. Mein Blick fiel auf seine Armbanduhr. Erstaunt stellte ich fest, dass es weit nach zwanzig Uhr war. Ich hätte längst zurück sein müssen. Langsam stand ich auf.
»Ich komme morgen wieder«, sagte ich leise zu dem Mädchen. Das wollte ich nur zu gern. Ohne ihre Namen erfahren zu haben, ging ich mit Niklas mit. Er fragte nicht. Sah er mir vielleicht an, dass dies ein guter Tag gewesen war?
Und davon gab es nicht viele. In dieser Nacht schlief ich in seinen Armen ein, ohne dass mich Albträume quälten.
Zoe und Daniel, ihr wurdet für einige Wochen meine täglichen Begleiter. Wir waren immer in einer gewissen Distanz und doch gehörten wir zusammen. Dafür danke ich euch.
Die Zeit heilt alle Wunden … so sagt man, aber es stimmt nicht.

Der Weg aus dem Nebel

Es ist dunkel draußen, dabei ist es erst kurz nach fünf.
Noch drei Tage bis Heiligabend.
Daniel steht in meiner Küche und kocht Tee. Seit einigen Wochen besucht er mich regelmäßig. Es ist schön, einen gleichmäßigen Tagesablauf zu haben. Am Tag schreibe ich, während Daniel arbeitet. Dann sind wir an der Bank. An der Baustelle sollte ich sagen. Seine Bank ist weg. Für ihn ein absoluter Albtraum. An jenem Oktobernachmittag, als wir es entdeckten, weinte er. Für ihn war die verwitterte Bank ein großer Teil seiner Welt. Die Bank einige Meter weiter lehnt er ab. Das ist nicht seine.
Abends essen wir zusammen, dann geht er nach Hause.
Wir haben noch nicht darüber gesprochen, wie wir Weihnachten verbringen wollen. Und nun ist das Fest ohnehin in eine schmerzende Finsternis gerutscht.
Heute ist Samstag. Es ist schrecklich kalt draußen, so dass unser Aufenthalt am Wasser recht kurz ausfiel. Als wir uns auf den Rückweg machen wollten, trat Niklas auf uns zu. Er sah schlecht aus, verweint und müde. Schweigend streckte er mir einen Umschlag hin, den ich verwirrt nahm, dann machte er kehrt. Er lief nur wenige Meter, bis er erneut stehen blieb. Er sagte nichts, wir sagten nichts. Dann ein leises »Passt auf euch auf.« Niklas ging, ohne uns anzusehen.
In meinen Händen hielt ich einen A4-Umschlag, der sich schwer anfühlte, was sicher nicht an seinem Inhalt lag.
Ich wollte ihn nicht öffnen. Und noch immer liegt er auf meinem kleinen Wohnzimmertisch.
Daniel kommt mit dem Tee zu mir und setzt sich. Unsere Blicke ruhen auf dem beigen Umschlag. Alice war lange nicht bei uns gewesen. Seit bestimmt zehn Wochen haben wir sie nicht gesehen. Wir hätten nichts in Erfahrung bringen können. Sie hatte nur wenig gesprochen, wenn sie bei uns gewesen war und so kannten wir nur ihren Namen und wuss-

ten, dass Niklas ihr Freund war. Sie war magersüchtig, das musste mir niemand sagen. Es war deutlich zu sehen.
Das war der einzige Einblick, den wir in ihr Leben hatten und doch war sie ein Teil von uns. Wir waren ja alle keine großen Redner. Wie viele Tage hatten wir schweigend verbracht?
Daniel nimmt den Umschlag und öffnet ihn. Heraus nimmt er ein Buch, einen Hefter und einen Umschlag auf dem unsere Namen stehen. Kurz sehen wir uns an, dann öffne ich ihn mit rasendem Herzen.
Ein handgeschriebener Brief auf Papier, welches zu einer Berliner Klinik gehört.

Zoe und Daniel,

heute Morgen um 7.10 Uhr ist Alice in meinen Armen gestorben. Die letzten Wochen waren für sie die härtesten. Ihr Immunsystem war zu schwach, um gegen die Lungenentzündung ankämpfen zu können.
Ich übergebe euch beiden ihre Geschichte. Alice schrieb sie seit dem Tag, an dem sie euch kennenlernte. Sie sagte zu mir, dass irgendwann der Moment kommt, wo sie euch alles erklären möchte. Ihr Weg war hart. Sie kämpfte jeden Tag mal mit mehr, mal mit weniger Kraft. Nun hat sich der Nebel in ihrem Leben gelichtet und den Weg für sie freigemacht, um glücklich zu werden. Zudem liegen dem Umschlag Briefe bei. Sie schrieb sie in den letzten Wochen. Sie waren für mich, für euch, für sie selbst.
Behaltet sie in guter Erinnerung und seid nicht wütend auf sie, weil sie keine Kraft mehr hatte.
Bitte sorgt gut für euch.

Niklas

Ich bin wie betäubt. Und auch Daniel regt sich neben mir nicht. Starr schauen wir auf den Brief, der offen vor uns liegt. Der Weg aus dem Nebel. Dass Niklas diese Worte gewählt hatte, die ich so oft für mein Leben nutze, trifft mich heftig und zeigt einmal mehr, dass Alice ein Teil von uns war und noch immer ist.
Drei Monate hat sie Tag für Tag bei uns gesessen. Auch wenn das Wetter noch so schlecht war, wir standen an der Spree. Es war ein wichtiges Ritual, welches wir brauchten, um zu überleben.
Weiter weg hatten wir es bisher auch nicht geschafft. Die Trauerweide ist nun unser Platz. Den Baum würden sie hoffentlich nicht fällen. Alice hat ihn geliebt. Sie lehnte oft am Stamm, ließ die dünnen Zweige durch ihre Finger gleiten und schaute auf die leichten Wellen des Wassers.
Das war nun vorbei.
Ich habe oft in meinem kurzen Leben darüber nachgedacht, es zu beenden. Die Kraft war so oft nicht mehr greifbar gewesen. Und doch gab es immer diesen kleinen Zipfel Leben, an den ich mich geklammert habe. Nun, da Daniel in meinem Leben einen Platz hat, ist der Gedanke wie aufgelöst.
Wir sprechen an diesem Abend nicht mehr und um 22 Uhr geht er genauso schweigend nach Hause. Ich bleibe sitzen.

Daniel nimmt langsam den dünnen Hefter. Es ist zwei Wochen her, das neue Jahr hat in unserer Stadt mit heftigen Schneestürmen begonnen. Weihnachten haben wir gemeinsam verbracht. Meine Eltern haben ihn kennengelernt und ihm sogar einen Schokoladenweihnachtsmann geschenkt. Daniel war sprachlos. Nur ein genuscheltes *Danke* kam über seine Lippen.
Alice Geschichte haben wir gemeinsam gelesen und gemeinsam beweint. Zur Beerdigung, die vor zwei Tagen stattgefunden hat, sind wir zusammen gegangen. Viele Menschen

waren nicht da. Niklas, drei Mädchen aus ihrer Wohngruppe, ein Betreuer und eine Schwester aus der Klinik. Niklas hatte alles sehr liebevoll arrangiert.
Nun liegen ihre kurzen Briefe noch vor uns. Sie sind nicht direkt an uns gerichtet, nicht mal an Niklas. Vielmehr an jemanden, der unsichtbar, aber durchaus präsent war.

25.10.2019
Draußen regnet es. Ich mag Regen. Es hat immer etwas Reinigendes. Er wäscht die Altlasten dieser Stadt fort. Gestern hat eine junge Frau im Regen getanzt. Sie sah unbeschwert und fröhlich aus. In diesem Augenblick habe ich mir gewünscht, sie würde mich an die Hand nehmen, hinaus in den Regen ziehen und mit mir tanzen, mir etwas von ihrer Leichtigkeit abgeben. Es sah wunderschön aus.
Regen lässt uns wachsen und erblühen. Er sorgt dafür, dass alles Schmutzige verschwindet und alles Trockene ausradiert wird.
Ich sehe den Regen vom Bett aus … im Dunkeln … im Trockenen … allein …

Daniel legt den Brief beiseite und braucht einen Moment, um das nächste Blatt in die Hand zu nehmen. Ich sehe, dass seine Finger zittern und lege meine Hand auf die seine, die den Brief hält. Gemeinsam …

04.11.2019
Gerade habe ich etwas getan, von dem ich nie dachte, es zu können. Ich habe mit Niklas geschlafen. Warum? War es gut für mich? War es gut für ihn?
Habe ich ihm etwas geschenkt oder ihm das Herz rausgerissen? Ich kann zu allen Punkten nur mutmaßen. Zuerst muss ich sagen, dass ein Gefühl in mir nagt, welches mir zuflüstert, dass es zu Ende geht. Es ist eine wirklich leise Stimme, aber sie ist da.
Also warum habe ich es getan? Wollte ich nicht als Jungfrau sterben? Es wird immer davon gesprochen, dass ein Orgasmus das glücklichste

Gefühl überhaupt sei. Es war okay. Es tat sehr weh, aber ich habe den Mann über mir gesehen. Mit welcher Liebe er mich ansieht und die leise Stimme flüstert: »Es geht zu Ende. Dein Geschenk wird ihn in ein tiefes Loch stoßen. Vielleicht wäre es besser gewesen, ihm diese Intimität nicht zu geben. Nun war er dir näher als jemals zuvor und ist bald allein.«

Ich bereue es und er spürt es. Niklas merkt immer, wenn ich mich von ihm distanziere. Ich bin unsicher, woran er das festmacht. Soll ich mit ihm darüber reden? Ich will ihm nicht wehtun, ich liebe ihn, auch wenn ich es nie so recht zeigen kann. Ich liebe ihn.

Ich liebe ihn.

Ich liebe Niklas.

Ich liebe dich, Niklas.

Dass wir von diesen intimen Details erfahren, berührt und beschämt uns gleichermaßen. Es sind einzelne Blätter, Niklas hätte dieses behalten können. Es sind Originale und Daniel sagt leise, dass er zumindest dieses zurückhaben sollte. Wir sind zu traurig, um von dem Inhalt des Briefes rote Wangen zu bekommen. Ihre Liebe für Niklas ist spürbar, genauso wie ihre Einsamkeit und Angst.

10.12.2019

Ich vermisse meine Weide, vermisse es, am Wasser zu sitzen und in die Ferne zu schauen. Ich darf nicht raus, mein Husten hält sich hartnäckig. Niklas hat Sorge, dass es schlimmer wird.

Aber ich vermisse meine Weide. Mir fehlen Zoe und Daniel. Wir haben nie viel geredet. Ich ohnehin nicht. Eines haben sie nie getan, etwas, das meinem Umfeld in Fleisch und Blut übergegangen ist: Sie sahen mich niemals prüfend oder angewidert an.

Ich hatte ihnen immer erzählen wollen, wie mein Leben verlaufen ist. Aber ich wollte nicht jammern. Sie sind auch nicht »normal«, wie Daniel einmal sagte.

Normal. Was ist das?

Fröhlich.
Mitten im Leben stehend.
Eine Familie.
Freunde.
Ein Job.
Das nötige Kleingeld.
Ein Körper, in dem man sich wohlfühlt.
Fröhlich bin ich nie gewesen. Vielleicht als ganz kleines Mädchen, als ich den Fehler im System noch nicht verstehen und sehen konnte. Ich habe mich stets im Schatten bewegt. Und dort bin ich geblieben. Im Schatten.
Meine Familie ist kein Thema mehr. Ich habe nie einen Schulabschluss gemacht, geschweige denn gearbeitet.
Mit meinem Körper stand ich seit jeher auf Kriegsfuß. Ich habe mich immer als viel zu fett betrachtet. Egal, was andere gesagt haben. Heute weiß ich es besser; das bedeutet jedoch nicht, dass ich mich deswegen wohler fühle. Ich bin magersüchtig. Ich habe eine krankhafte Selbstwahrnehmung. Ich leide unter Panikattacken, die selten, aber da sind.
Freunde … ich habe Niklas. Und vielleicht habe ich auch ein bisschen Zoe und Daniel. Ich weiß es nicht. Ich habe nie Freunde gehabt. Wie fühlt sich so etwas an? Zuneigung, die Freude, den Anderen zu sehen? Interesse an deren Leben? Reden. Vielleicht waren wir keine Freunde im »normalen« Sinne. Ich möchte mir gern sagen, dass sie meine Freunde sind. Ich möchte nicht gehen, mit der Gewissheit, wirklich allein gewesen zu sein.
Ob sie mich vermissen?
Ob sie sich fragen, wo ich bin?
Ich habe Niklas nur sehr wenig von ihnen erzählt. Er kannte nicht mal ihre Namen.
Nun, sollte er das hier lesen, habe ich es nicht geschafft.
Niklas, nun weißt du, wie sie heißen. Bitte, gib ihnen meine Geschichte und die Briefe. Sie sollen wissen, dass sie mir mehr bedeutet haben, als ich es ihnen je hätte sagen können. Ich wüsste nicht mal, wie ich es in Worte fassen sollte.

Danke, Zoe, für dein Lächeln.
Danke, Daniel, für deine Hand.
Beides hat mir das Leben gerettet.

Ich schluchze auf. Ihre Worte bohren sich in mein Herz und auch Daniel kämpft mit den Tränen. Plötzlich passiert etwas, das in all den Wochen, die wir nun um Alice trauern, nie passiert ist. Er nimmt mich fest in den Arm. Ich spüre sein Zittern, seine Panik. Und doch geben wir uns in diesem Augenblick mehr Halt als jemals zuvor. Ich würde Alice gern danken, dass wir mit ihrer Hilfe eine dunkle Schlucht überqueren konnten.
Es dauert, bis ich den vierten und letzten Brief nehmen kann. Ich halte das Blatt mit zitternden Fingern fest, während Daniel mich im Arm hält. Gemeinsam lesen wir.

18.12.2019
Die Lungenentzündung frisst mich auf. Ich hänge am Sauerstoffgerät, habe hohes Fieber und meine wenigen Reserven werden von meinem Körper aufgezehrt.
Es ist kalt, immer und ich bekomme nichts mehr hinunter. Seit heute Morgen liege ich auf der Intensivstation und der streng schauende Arzt sagt, wenn mein Sauerstoffwert auch nur noch um wenige Punkte fällt, komme ich an die Lungenmaschine. Es fällt mir schwer, den Stift zu halten, meine Hand bekomme ich kaum hoch.
Ich kann nicht mehr.
Es tut mir leid.

Alice

Nachwort

Nicht immer gibt es ein Licht im Nebel, das die Dunkelheit einfangen kann. Für Alice waren die wenigen Wochen mit Zoe und Daniel ein Trost. Sie hat das eine Wichtige erkannt: Du bist nicht allein!
Du da draußen, der stumm um Hilfe schreit ... auch du kannst gehört werden. Es gibt Anlaufstellen, die dir zuhören und auch die helfende Hand ausstrecken.

Dazu gehört die Nummer gegen Kummer – Das Kinder- und Jugendtelefon:
116111

Auch das Hilfeportal sexueller Missbrauch ist für dich da:
0800 2255530

Die Deutsche Depressionshilfe informiert ebenso:
0800 3344533

Und wenn du denkst, das Licht komplett verloren zu haben, dann suche dir Hilfe. Schnell!
Das ist die Hotline der Telefonseelsorge bei Suizidgedanken:
0800 1110111

All diese Anlaufstellen bieten auch Onlinehilfe an.

Du bist es wert, dass jemand dir hilft. Denk immer daran: Du bist nicht allein!

Danksagung

Alex, ich danke dir für all deine Energie.
Vivi, ich danke dir für all deine Umarmungen.
Denkt daran: Ihr seid nicht allein!

Danke Miki & Pit für eure guten Ratschläge!
Danke Joshua für deine unermüdliche Unterstützung!

Mein größter Dank geht an meine drei Jungs. Ihr liebt mich, wie ich bin. Ihr seid mein Fels in der Brandung, meine Kerze in der Dunkelheit und mein Lichtstrahl im Nebel! Ich liebe euch über alles!

Danke, lieber Leser
Danke, liebe Leserin

Printed in Poland
by Amazon Fulfillment
Poland Sp. z o.o., Wrocław

48155782R00070